KB042892

힘내지 않아도 괜찮아

조건 없는 사랑을 내게 처음 알려준
엄마, 아빠에게 이 책을 바칩니다.

힘내지 않아도 괜찮아

초 판 1쇄 2021년 01월 27일

지은이 럽테
펴낸이 류종렬

펴낸곳 미다스북스
총괄실장 명상완
책임편집 이다경
책임진행 박새연, 김가영, 신은서, 임종익

등록 2001년 3월 21일 제2001-000040호
주소 서울시 마포구 양화로 133 서교타워 711호
전화 02) 322-7802~3
팩스 02) 6007-1845
블로그 http://blog.naver.com/midasbooks
전자주소 midasbooks@hanmail.net
페이스북 https://www.facebook.com/midasbooks425

© 럽테, 미다스북스 2021, *Printed in Korea*.

ISBN 978-89-6637-883-8 03190

값 16,500원

미다스북스는 다음세대에게 필요한 지혜와 교양을 생각합니다.

힘내지 않아도 괜찮아

나를 사랑할 때, 실타래처럼 얽혀 있던 문제들이 마법처럼 풀려간다!

–

럽테 지음

미다스북스

힘이 들면 힘내지 않아도 괜찮아요

- 죽을 만큼 열심히 살았다

2020년 초 등장한 코로나19는 전 세계인의 삶을 바꿔놨습니다. 어느 순간 우리 삶에 마스크 없는 일상이 낯설다 느끼게 되었고, 해외여행, 계절마다 즐겼던 공연들은 이제 꿈만 같은 일이 되었습니다. 삶은 너무 생경한데, 우리는 계절의 변화가 무색할 만큼 세상과 단절되어 살아가고 있습니다.

저에게도 그런 날이 있었습니다. 내 주변의 세상은 너무 완벽하게 돌아가는데, 바이러스에 걸려 쓸 수 없게 된 컴퓨터처럼, 삶에 모든 것이 정지된 적이 있었습니다. 당시 제가 운영한 회사는 매년 300%씩 성장했고, 매달 천만 원씩 저축했고, 평생을 노력해도 갖기 어렵다는 서울 부촌에 내 집을 마련하고, 부모님 생신에 선물로 두 분 다 차를 사드릴 정도의 금전적 여유가 생겼습니다. 투자하는 일마다 황금알을 낳는 거위처럼 돈을 벌었습니다.

명품관에서 생각 없이 구매한 쇼핑백들이 옷방에 늘 쌓여 있었습니다. 유학 시절, 학교 생활에 적응하지 못했던 저는 수업이 끝나면 집으로 돌아와 침대에 누워 성공한 커리어 우먼이 되어 화려한 삶을 살아가는 모습을 상상했습니다. 제 삶은 그렇게 꿈꿔왔던 성공한 모습에 가까워진 듯해 보였습니다. 눈을 뜨면 이 우주에서 사라지고 싶다는 제 마음만 빼고 말입니다. 많은 것을 가지고 누리고 살았지만, 눈을 뜨면 아침에 눈을 떴다는 사실이 끔찍하게 싫었습니다. 죽는 게 두려운 게 아니라 사는 게 두려웠고, 아침에 눈을 뜨면 아직도 살아 있다는 사실이 소름 끼치게 싫었습니다. 이 모든 꿈을 이루기 위해 열심히 살았는데, 얼마나 열심히 더 살아야 쉴 수 있는지 모를 만큼 바빴습니다.

마음은 지쳐갔는데, 정답은 더 열심히 사는 것처럼 보였습니다. 그래서 매일 저를 채찍질하며 언젠가 있을 그 행복을 위해 오늘을 갈아 내일을 위해 살아갔습니다. 열심히 살았지만 삶은 더 수렁으로 빠졌고, 수렁으로 빠지는 삶을 구해내기 위해 더 열심히 살았습니다. 삶은 물질적으로는 더 나아졌지만, 이것을 지키기 위해 또 다른 노력을 언제나 해야했고, 삶 자체가 고통이 되어 갔습니다. 이해되지 않은 제 삶을 이해하기 위해, 마음공부를 시작했습니다. 눈에 보이는 것이 외부의 세상이 전부인 줄 알았던 제가 내면을 들여다보기 시작했습니다. 동서양의 대표 종교 서적인 성경, 불경부터 양자물리학, 뇌 과학, 심리학 등 몇 년 사이에 수백 권의 책을 읽으며 제 삶을 프로파일러처럼 분석했습니다. 삶이 전보다 훨씬 나아졌는데 왜 불행한지 궁금했습니다.

- 힘들 땐 쉬어가도 괜찮아요

공부 끝에 찾았던 답은, 우리 마음은 음과 양의 에너지로 구성되어, 언제나 균형을 이루려는 특성이 있고, 어느 한쪽으로 치우치는 생각을 하게 되면 반대되는 생각도 올라오는 것이었습니다. 그래서 힘을 내려고 애쓰면, 반대되는 불안함과 두려움도 함께 올라오는 것이었습니다.

다이어트를 결심하고 저녁 금식을 선언하면 언제나 야식을 먹고 싶은 충동이 올라옵니다. 언제나 금식보다는 야식이 승리합니다. 성공하고 싶은 마음, 실패할까 봐 두려운 마음은 언제나 충돌을 합니다. 슬럼프를 극복하려면 성공하려는 욕망을 자극해서 두려움을 덮는 게 아니라 내 안의 실패할까 봐 두려워하는 마음을 인정하고 보듬어 마음의 균형을 이루는 것이 슬럼프를 극복하는 가장 빠른 방법이었습니다.

잘하고 싶은 마음, 성공하고 싶은 욕망, 이 욕망은 목표를 이루게 하는 동력이 아니라 부족하다는 결핍이 바탕이기에 끊임없이 무언가를 부족하다고 느끼고 갈망하게 만드는 마이너스 에너지가 되어, 항상 열심히 살아도 부족한 상태를 만드는 것이었습니다.

삶의 진실은 힘들 때 힘들어해도 된다는 것이었습니다. 힘이 드는데 힘을 낸다는 게 아이러니한 일입니다. 우리 사회 어느 곳에서도 슬퍼해도, 우울해해도, 실패해도 괜찮다고 편하게 말해주는 곳이 없습니다. 어린 시절부터 슬픔을 삼키고, 눈물을 그치라고 배웠기에, 우리는 있는 그대로의 나를 받아들이는 연습을 하지 못했습니다. 있는 그대로의 나를 사랑해버리면 뭔가 단단히 잘못되었다는 생각이 들었기 때문입니다. 그래서 잡히지도 않을 성공과 명예, 행복을 추구하며 살았습니다. 그런데 삶은 늘 제자리였습니다.

많은 걸 갖고 그것을 잃게 되었을 때, 삶에서 내가 바라는 행복이 외부에서 누가 줘서 얻는 것이 아님을 알게 되었습니다. 삶에 나타난 모든 것들을 좋다 싫다 구분하지 않고 있는 그대로 허용하는 것, 과거와 미래에 대한 걱정을 하지 말고 오로지 이 순간을 사는 것, 그것이 살면서 나 자신에게 줄 수 있는 가장 큰 선물이라는 것을 깨닫게 되었습니다. 많은 시간을 돌고 돌아 비가 오나 눈이 오나, 돈이 있건 없건, 누구에게 인정을 받든 안 받든 외부의 모든 것과 관계없이 그저 나 자신으로서 온전히 사는 법을 알게 되었습니다. 마음의 방이 어둡고 차가워지면 내 안에 따뜻한 사랑의 난로를 켜면 됩니다.

삶에서 예측하지 못했던, 통제 불가한 일을 겪게 되면 우리는 불안과 공포를 느끼게 됩니다. 내가 삶을 통제하고 싶다는 욕구 때문입니다. 하지만 인생에서 경험하는 모든 것들은 자연과 닮았습니다. 봄이 오고 여름이 오듯 삶의 모든 것들은 그저 스쳐 지나가는 것들입니다. 비가 오면 우산을 쓰는 것처럼 힘이 들면 힘이 드는 나를 포용하는 것, 쉬고 싶을 땐 조금 쉬어가는 것입니다. 하지만 누구도 우리에게 힘들 땐 힘들어도 괜찮다고 말해주지 않았기에 삶의 파도에 저항하다 어렵게 얻어낸 것들 그마저 있던 것도 파도에 휩쓸려 버리게 됩니다.

우리는 부와 명예, 성공과 행복을 바랍니다. 주변을 돌아보면 좋은 환경에서 태어나 많은 것을 가졌지만 바닥을 경험하기도 하고, 찢어지게 가난하게 살았지만 백만장자가 된 사람의 이야기를 보게 됩니다. 그 차이는 무엇일까요? 위기를 기회로 만들고 무에서 유를 창조하는 그 힘은 지금 상황에 저항하지 않는, 어떤 순간에도 나를 믿고 사랑하는 '자기사랑'이 삶의 유일한 해결책이었습니다.

미리 밝히지만, 이곳에 담은 내용 중 한순간에 삶이 변하는 드라마틱한 이야기는 없습니다. 지독히도 물질만능주의와 성과주의로 살았던 한 사람이 내면의 나를 발견하며 삶의 해답을 찾아가는 지난한 이야기들이 담겨 있습니다. 지금 내 삶이 이해가 되지 않는 분들, 더 나은 삶을 꿈꾸시는 분들께 제 경험이 분명 위로가 될 거라 믿습니다. 힘이 들면 힘내지 않아도 괜찮아요.

2021. 1. 럽테

CONTENTS

• Illustration by luvte (@luvte.note) • Photo by Lee Eui Jeong (@ua881)

PART 1

인생이
안 풀리는 이유는
열심히 살아서이다

열심히 살았는데
뭐가 문제였을까?

- 꿈꿔왔던 모든 것을 얻었던 그때

살다 보면 돌이키고 싶지 않은 순간들이 있습니다. 저에게도 그런 날이 있었습니다. 2014년 어느 가을, 함께 사업을 하고 있던 어린 내 여동생이 가끔 하혈을 해서 대수롭지 않게 산부인과에 진료를 하러 갔습니다. 집에 돌아온 동생은 어두운 표정으로 병원에서 정밀 검사를 위해 큰 병원으로 가보라는 이야길 들었다고 합니다. 동생도 저도 걱정은 되었지만 별생각 없이 며칠 뒤 회사 근처에 있는 종합 병원에서 동생은 검사를 하게 되었습니다. 당시 동생과 제가 함께 운영했던 회사는 매년 300%씩 성장을 하며 매달 최고 매출을 갱신하고 있던 시절이었고, 통장은 마르지 않는 샘물이 되었습니다.

회사가 급성장해서 전화를 받는 시간조차도 아까울 정도로 바빴기 때문에 울리는 전화 소리마저 짜증이 나던 시절이었습니다. 병원에 검사 결과를 확인하러 갔던 동생의 전화가 왔습니다. 동생의 이야기를 들어보지도 않고 '이따 이야기해!'라고 말하고 끊으려 했습니다. 그 찰나에 수화기 너머로 아주 작고 희미한 동생의 목소리가 들렸습니다.

'언니 나 자궁암이래. 수술해야 한대.'

그 순간 잠시 세상이 정지한 기분이 들었습니다. 당시 제 동생은 만 25살이었습니다. 왜 이런 불행한 순간의 주인공이 제 동생이어야 하는지 믿기지 않았습니다. 한편 직장생활도 경험한 적 없는 제가 감당하기 어려울 만큼 사업 규모는 한창 커지고 있어서 너무 바빴습니다. 동생의 아픔을 따뜻하게 감싸줄 겨를도 없이 시간은 어찌어찌 흘러갔습니다. 다행히도 동생은 수술을 잘 마치고 건강도 점점 회복하고 있었습니다.

그렇게 동생의 아픔을 맞이했던 가을, 겨울이 지나 봄이 되었습니다. 따사로운 봄의 끝 무렵 우리 가족에게는 또 특별한 일이 기다리고 있었습니다. 바로 평생 열심히 일하며 성실하게 살아온 엄마가 정년퇴직을 하신다는 것이었습니다. 저희 엄마는 한 집안의 장녀로 그리고 한 집안의 며느리로, 두 딸의 엄마로 평생을 열심히 사셨습니다. 엄마는 그 시절의 이야기를 할 때면, 연탄 한 장, 콩나물 한 봉지 사기가 어려울 만큼 가난하게 살았다고 했습니다. 엄마는 자신의 가난을 자식들에겐 물려주고 싶지 않다는 생각 하나로, 수십 년을 허리 한 번 제대로 펴지도 못하고 성실하게 일만 했습니다. 그렇게 쉬지 않고 일을 하면서도 조부모를 극진히 모셔 그 공로를 인정받는 효부상도 두 번씩이나 타셨습니다.

엄마는 성실하게 살았던 시절을 보상받기라도 한 듯 서울에서 두 딸이 든든하게 돈을 벌고 있었고, 드디어 모든 짐을 내려두고 이제 쉴 수 있다는 생각으로 희망과 기대에 차 있었습니다. 부모님은 두 분 다 천주교 신자로서 종교 활동과 봉사를 정말 열심히 하셨습니다. 부모님은 퇴직 이후 종교 활동과 봉사 활동을 이어갈 생각에 늘 기쁨에 차 계셨습니다. 일평생 해외여행도 해보지 않고 한 가정을 지키기 위해 성실하게 사셨던 엄마의 정년 퇴임식 후 채한 달이 되지 않아서 저는 믿을 수 없는 이야길 듣게 되었습니다. 엄마가 유방암이라는 것이었습니다. 동생과 엄마의 암 수술이라는 1년 사이로 벌어진 두 가지 사건은 제 인생을 뒤엎는 중대한 사건이 되었습니다.

여기서 제가 살아온 이야기를 짧게 고백하자면 저는 어릴 때부터 그림 그리기에 소질이 있다는 말을 자주 들었습니다. 어린 시절에 저의 재능을 지지하고 발굴해주신 부모님 덕분에 그림 공부를 할 집안 형편이 아니었음에도 예술 고등학교, 미대, 미술 유학까지 미술 공부를 참 길게도 했습니다. 유학 시절 심심한 마음을 달래려 블로그를 운영했고 그 블로그 덕분에 어느 날 엉겁결에 사업자를 내고 사장님 데뷔를 하게 되었습니다. 한 회사의 대표가 되는 일을 꿈꿔왔던 적이 없었는데 어느 날 저를 돌아보니 저는 사업을 하고 있었습니다.

회사의 규모는 점점 커지고 돈을 더 많이 벌수록 저는 단 한 번도 쉰 적이 없었습니다. 몸은 쉬었더라도 머리는 눈 떠 있는 순간에는 항상 일하고 있었습니다. 빨간 날에도 나와서 일하는 일 중독자가 바로 저였습니다. 그렇게 일하고, 돈만 벌면 저는 행복할 줄 알았습니다. 저에겐 일이 휴식이고 놀이였습니다. 그때를 다시 생각해보면 저는 불안했기 때문에 쉬지 않고 일을 했던 것 같습니다. 제가 쉬면 모든 것이 멈춰버릴 것 같던 불안감에 저 자신을 혹사하면서 살았습니다. 하지만 겉으로 보이는 제 삶은 아무 문제가 없었습니다. 당시엔 한 달에 저축을 천만 원씩 하고 있었고 엄마, 아빠 차를 차례로 바꿔드리며 제법 큰딸 노릇을 하는 느낌이었습니다. 부모님은 어느 모임을 가든 우리 딸이 서울에서 성공해서 집도 샀다고 자랑을 하고 다니셨습니다.

두 다리 펴기도 힘든 작은 원룸에서 시작했던 사업은 점점 커져서 저는 부촌의 고급 빌라로 이사를 하였고, 살면서 가지는 대부분의 고민거리는 돈으로 해결되었습니다. 처음으로 돈을 벌고 모으는 재미도 알아갔습니다. 당시엔 연애도 쉬지 않았고, 매주 친구들과 집에서 홈파티도 즐겨 했습니다. 유명 브랜드 VIP 행사에 초청되어 파티를 즐기기도 했으며 미디어에서만 보던 성공한 커리어 우먼의 삶, 그것이 바로 제가 되었습니다. 그런 시간을 보냈던 날 동생과 엄마의 암 판정이라는 청천벽력 같은 소식이 연이어 들려왔습니다.

저는 제 삶을 돌이켜보기 시작했습니다. 누구보다도 성실했고 누구보다도 알뜰했고, 자식들에게 정직함을 가르쳐주던 부모님, 그 부모님의 성격을 이어받아 성실하게, 열심히 살았던 내 삶을 돌아보았습니다. 엄마는 매일 새벽 4시면 일어나서 자식들을 위해 기도하시던 분이었습니다. 퇴직 후 자신의 삶에서 처음으로 휴식을 즐겨보려던 참에 엄마는 퇴직하자마자 집이 아닌 병원에서 삶을 다시 시작하게 되었습니다.

- 그런데 운명이 뒤틀리기 시작했다

어디서부터 내 삶이 잘못되었는지 왜 나의 운명이 되었는지 찾을 길이 없었습니다. 그렇게 억울함과 분노의 시기를 거치면서 엄마와 동생의 아픔, 그리고 제 자신조차도 제대로 돌보지 못하면서 저는 일만 했습니다. 엄마가 수술대에 오르던 날에도 저는 일을 했습니다. 눈물을 삼키며 일을 하던 그 날, 이모는 저에게 전화하셨습니다. '너 그렇게 살다가 엄마 죽으면 후회한다.' 목이 멘 이모의 목소리가 심장에 박혔지만, 저는 일을 해야 했습니다. 성급히 전화를 끊고 키보드에 흘린 눈물을 닦았습니다. 제가 우는 모습을 팀원들에게 들키기라도 할까 봐 음악을 크게 틀고 키보드를 두드렸습니다. 중요한 건 슬픔이 아니라 우리 가족을 지켜줄 돈이었기 때문에 저는 그때부터 제 앞에 나타난 모든 감정을 억누르기 시작했습니다.

부모님이 정년퇴직하면서 실질적인 가장인 저에게 하루하루 매출은 매우 중요했습니다. 동생도 아팠고, 실질적으로 회사 일을 잘 알고 실무를 해결해야 할 사람은 저밖에 없었습니다. 돈이 있어야 병원비며, 생활비 등 앞으로 우리 가족의 삶을 감당할 수 있다는 압박감에 슬픈 감정을 억누르면서 일을 했습니다. 마음은 썩어가고 있었는데, SNS 세상 속 저는 모든 걸 다 가진 여자였습니다. 저는 저의 외부의 세상이 어두울수록 제 마음에 더 진한 화장을 덧칠했습니다.

다행히도 신은 우리를 버릴 생각은 아니었나 봅니다. 시간이 흘러 엄마와 동생은 무사히 암 치료를 마쳤고 우리 가족의 모든 삶은 조금씩 제자리로 돌아오기 시작했습니다. 그렇게 평화로운 하루를 살아가던 어느 날 아침이었습니다. 저는 침대에서 몸을 일으킬 수 없었습니다. 당시 제 삶은 매일 아침 6시에 일어나 아침 수영을 몇 년째 다니고 있었습니다. 루틴이 있는 삶을 좋아했고, 아무리 힘들고 우울해도 수영은 꼭 한 후에 출근했는데 그날은 침대에 접착제를 칠한 듯 몸을 일으킬 수 없었습니다. 뭔가 대단한 사건의 서막이 피어오르듯 무력감과 절망감이 제 몸을 감쌌습니다. 살면서 한 번도 느껴보지 못했던 감정들이 밀려왔습니다. 동생에게 '나 우울증인가 봐?' 하고 무심코 한마디를 툭 던졌습니다. 그때 동생의 대답이 제 가슴에 비수를 꽂았습니다.

'언니 몰랐어?'

인생이 안 풀려
심리 상담소에 갔다

- 제가 우울증이라구요?

동생의 그 날 그 한마디는 벌거벗은 임금님이 된 것 같은 느낌을 받게 했습니다. 동생은 저와 7살 차이가 납니다. 아니 정확하게 말하면 7년 11개월 차이가 납니다. 저는 어린 시절 동생이 엄마 배 속에 있을 때부터 탄생의 순간, 걸음마를 배우던 시절, 초등학교에 입학하는 모습까지 세세하게 기억하고 있습니다.

아무것도 모른다고 생각했던 어린 동생의 한마디에 저는 삶의 모든 순간이 스쳐 지나갔습니다. 우울증인 걸 왜 몰랐냐고 물었을 때의 당혹스러움은 아직도 어제 일처럼 생생하게 기억납니다. 나보다 한참 어린 동생도 내가 우울증 환자라는 걸 아는데 세상 사람들은 내가 우울한 걸 다 알고 있겠구나 싶었습니다. 우울한 마음이 범죄도 아닌데 그때 느꼈던 수치스러운 감정을 한동안 지울 수가 없었습니다.

동생에게 우울증을 들켜버린 뒤로는 괜찮은 척, 행복한 척했던 연기는 점점 거부감이 들었고, 그때부터 제가 하는 모든 행동과 생각들이 저를 따라다니며 괴롭혔지만 이 연기를 어디서부터 멈춰야 할지도 몰랐습니다.

계절은 봄기운이 완연하게 감도는 계절이었습니다. 우울한 마음조차 날씨 때문이라도 조금 치유가 되는 그런 계절이었습니다. 안 풀리는 인생의 답을 찾기 위해 심리 상담소에 가기로 결정했습니다. 상담 예약을 하고 나니 두려움이 밀려왔습니다. 시작도 끝도 모르겠는 이 우울함이라는 감정, 나 자신에게도 낯선 감정인 이 기분을 모르는 누군가에게 어디서부터 어디까지 이야기해야 하는지 답답했습니다.

내 마음을 들어주는 심리 상담 선생님일지라도 선생님께 최악의 상황은 들키고 싶지 않았습니다. 우울하고 두려운 마음을 부정하고, 감정을 억누르는 것이 익숙해졌던 제가 내면의 방어기제가 높을 대로 높아진 상태에서 상담하러 갔으니 상담이 순탄할 리 없었습니다.

선생님의 첫 솔루션은 당장 모든 일을 그만두고 쉬라는 것이었습니다. 저의 진단명은 '가면성 우울증'이었습니다. 표면적으로는 정상적으로 살아가고 있는 사람이라 항상 감정을 감추고 숨기고 억누르기 바빴기 때문에 그 억눌렀던 마음들이 내면에서 폭파되기 일보 직전의 폭탄처럼 자리잡고 있다고 하셨습니다. 그래서 이대로 생활을 계속하다 보면 자신도 감당하기 힘들 만큼 더 어려운 일을 겪을 수도 있다고 말해주셨습니다.

- 상담실에서도 털어내지 못한 마음

선생님은 진심으로 나를 걱정했습니다. 그의 그런 따뜻한 위로는 다소 어색했습니다. 누군가에게 이런 공감을 받아보는 것이 처음이라 낯설었습니다. 항상 제가 외롭고 힘들어하면, 누군가는 '아직 네가 덜 고생해서 그래.'라는 말을 들었기 때문에 선생님의 위로는 참 따뜻했습니다. 하지만 그런 선생님의 말씀을 뒤로하고 현실적인 이야기를 했습니다. 저는 한 집안의 가장이고 한 회사의 대표를 맡고 있고 내가 일하지 않으면 내가 가진 모든 것들을 잃게 될 것이라고 말했습니다. 지금 제가 회사 일을 그만두라는 말을 들으려고 이곳에 온 게 아니라 살려고 여기 왔는데 그게 무슨 말이냐며 강한 어조로 따졌습니다.

처음 심리 상담을 하러 갔던 시기에 제가 하는 일을 대체할 사람을 구하기도 어려웠고, 당시 우울증을 치료하기 위해 병원에 다니는 치료비며 교통비까지도 제가 하는 일에서 나오는 수입이기 때문에 전 쉴 수가 없었습니다. 시간당 20만 원 정도의 상담비를 지불하고 듣게 된 이야기가 겨우 일을 쉬어야 낫는다고 하니 당황스러웠습니다. '내가 일을 쉰다면 병원비는 누구 돈으로 내지?'라는 생각이 들었습니다. 선생님께 제 이야기를 솔직하게 해버리면 분명 일을 쉬어야 낫는다는 말을 할 테고, 그럴 수 없었기에 10회가 넘는 상담을 하면서도 솔직한 마음을 꺼내 놓지 못했습니다. 그러다 보니 상담이 끝나갈수록 죽지 못해 가는 기분이 들었습니다.

상담을 통해 알게 된 사실이라면 모든 사람의 마음속에는 '내면아이'라는 어린아이가 있고, 그 아이는 내 마음속에 항상 자리잡고 있는데, 어린 시절에 받았던 상처나 당시에 해결되지 못했던 감정들이 있다면 그 감정들은 언제든지 올라와 나의 외부 세상을 흔들어 놓는다는 사실이었습니다. 선생님과 심리 상담을 통해 종종 만났던 저의 내면아이는 많이 외롭고 힘들어 보였습니다. 그 사실을 알았지만 사실 당시 저에겐 그게 중요한 게 아니었습니다. 그래서 선생님과 상담을 하는 동안 여러 번 내면아이와의 대화를 시도했지만 저는 괜찮은 애를 왜 자꾸 불러내서 긁어 부스럼을 만드는지 이해가 되지 않는다는 생각이 자주 들었습니다.

어쩌다 아주 가끔 내면에 상처받은 아이를 만나 슬퍼서 울기도 했지만, 대부분 시간은 아무 감정을 느끼지 못할 때가 많았습니다. 선생님도 저의 이런 마음을 알았는지 모르겠지만 그는 10회 상담이 끝을 향해 달려가던 즈음에 저에게 작은 곰 인형을 사라는 이야길 해주었습니다. 그리고 그 곰 인형에게 저와 같은 이름을 붙여주고 사랑한다는 말을 자주 하라는 이야길 해주셨습니다.

그런 선생님께 저는 누구보다도 저 자신을 사랑하는데 왜 그런 이야기를 굳이 밖으로 꺼내서 해야 하는지 모르겠단 이야길 했습니다. '곰 인형을 보고 사랑한다는 이야길 누가 해요?', '너무 어색하고 이상해요.'라고 말하면서 거북하고 불편하다는 감정을 그대로 표현했습니다. 내 반응이 좋지 않자 그는 나에게 타협점을 제안했습니다. 내 이름을 곰 인형에게 붙이는 게 불편하고 거북하다면 이름 대신 내가 들으면 기분 좋아질 닉네임을 붙여주라고 하셨습니다. 그래서 저는 수많은 이름 중에 제가 기르는 강아지 이름이 떠올랐고 제 반려견 이름을 붙이겠다는 약속을 하고 상담실을 나왔습니다. 그리고 저는 곰 인형을 사지 않았습니다.

상담실 창가에서 보이는 목련이 피고 지는 것을 다 본 후 상담실에 그만 가게 되었습니다. 심리 상담을 포기했다는 표현이 어쩌면 더 맞았을지도 모릅니다. 마지막 상담을 하고 나오는 날, 나는 항상 지나치던 상담소 옆의 작은 놀이터에 들렀습니다. 그네에 앉아 다 떨어지고 말라서 갈색이 되어버린 목련 꽃잎을 한참 바라봤습니다. 한때는 찬란하게 피었다가 사람들에게 모든 관심을 받았던 시절을 뒤로하고 하나둘 잎이 떨어지고, 시들고 말라비틀어진 그 목련 꽃잎에서 저를 봤습니다.

'심리 상담으로도 해결되지 않은 마음은 도대체 어떻게 해야 할까?' 불안감이 온몸을 감쌌습니다. 그렇다고 다시 심리 상담을 받으며 불편한 마음을 꺼내보긴 싫었습니다. 이러지도 저러지도 못하는 생각들을 이어가던 차에 어디선가 깔깔대는 웃음소리가 크게 들려왔습니다. 노란 차에서 하원하는 아이들의 모습을 보니 나도 모르게 눈물이 흘렀습니다. 나의 어린 시절을 회상해봤지만, 그게 언제였는지 너무나 아득해서 기억의 조각들이 모여지지 않았습니다.

괴롭고 죽고 싶은 마음 안에서도 그걸 실행할 용기가 좀처럼 생기지 않았고, 결국 이 삶을 살아 내야 한다면 내가 지켜내야 할 일을 해야 한다는 생각이 먼저 들었습니다. 마음이 온전치 않았기에 사실 내면의 두려움은 커져만 갔습니다. 하지만 물러설 곳도 없었고, 누군가가 절 대신해 줄 수도 없었습니다. 어찌 되었든 뭐든 해야 한다는 생각에 일단 심리 상담을 포기하는 것이 나에게 이롭다는 생각을 했습니다. 그리고 이 선택을 절대 후회하지 않는다고 몇 번의 다짐을 더한 뒤에야 저는 그네에서 내려올 수 있었습니다.

내 안에 초대하지 않은 손님,
내면아이

- 삶이 무기력해지는 이유

마음이 우울해지기 시작하면 생각과 몸이 따로 놀기 시작합니다. 행복해지고 싶은데 우울하고, 우울한 생각을 멈추고 싶은데 그럴수록 우울한 생각은 꼬리에 꼬리를 물고 따라옵니다. 한번 깊은 우울감에 빠지게 되면 이 길 끝에 밝은 빛이 있을지 막막하기만 합니다. 이제까지의 자유의지는 사라진 지 오래이며 내 눈에 보이지 않는 거대한 감옥에 갇혀, 보이지 않는 세력에 의해 고문을 당하고 있다는 생각이 들었습니다.

얼굴도 이름도 알지도 못하는 내 안에 자리잡은 룸메이트의 출처를 알아야 했습니다. 그때부터 저는 책을 통해 내 마음속 룸메이트(무의식, 에고)의 정보를 알아가기 시작했습니다.

어린 시절에는 기분이 조금 울적할 때 과자만 먹어도 기분이 바로 좋아졌습니다. 하지만 오랫동안 습관화된 우울한 감정을 품고 있다 보면 이 감정들이 어느새 지능화, 고도화돼서 그동안 기분 좋아지기 위해 했던 모든 방법을 동원해도 우울함을 거둬내기가 힘들어집니다. 그 우울한 감정이 내 몸의 일부처럼 느껴지고, 그런 상태가 당연하다 느껴지는 지경에 이르게 됩니다. 내 안에 살고 있는 그 룸메이트는 내가 그 우울함에서 빠져나오려고 발버둥 칠수록 내 삶을 더 깊은 우울함 속으로 밀어넣어 버립니다. 점점 마음이 통제되지 않고, 내 생각과 의지대로 행동하기 어려워지기 시작했습니다.

심리학에서는 이것을 학습된 무기력(learned helplessness)이라고 부르기도 합니다. 학습된 무기력은 긍정심리학을 창시한 미국 펜실베이니아대 심리학 교수 마틴 셀리그먼(Martin Seligman)의 연구에서 발견된 현상입니다. 이 연구에서 셀리그먼은 24마리의 개를 세 집단으로 나눈 뒤 전기 충격을 줬습니다. 먼저 한 집단에 코를 사용해 버튼을 누르면 전기 충격을 스스로 멈출 수 있는 환경을 주었고, 다른 집단에게는 코를 사용해도 전기 충격을 피할 수 없는 상황을 만들었습니다. 아무리 발악해도 이 상황을 피할 수 없게 만든 것입니다. 그리고 마지막 집단은 아무 조건 없이 내버려 두었습니다. 24시간

후 이들 세 집단을 모두 다른 상자에 넣고 전기 충격을 주었는데, 상자 중앙에 있는 턱을 넘으면 전기 충격을 충분히 피할 수 있는 환경이었습니다. 하지만 앞서 24시간 동안 전기 충격을 피할 수 없었던 개들은 턱을 넘지 않았고, 구석에 웅크려 그대로 고통을 느끼고 있습니다. 나머지 개들은 턱을 넘어 고통을 피할 수 있었습니다.

자신이 어떤 일을 해도 상황을 극복할 수 없다는 무기력이 하루 동안 학습된 것입니다. 사람들이 습관적으로 느끼는 반복적인 감정들, 특히 부정적이고 두려운 감정 등은 이렇게 평생 동안 학습된 것입니다. 개도 24시간이면 각인되는데 평생 동안 비슷한 감정을 학습하고, 각인되어버린 우리의 무의식 상태는 어떨까요? 그 감정은 실제 내가 아니라 반복적으로 학습해서 세포에 각인된 기억이라는 사실은 마음공부를 하기 전까지 알아차리기가 불가능할 만큼 힘듭니다.

- 무기력은 게을러서 생기는 것이 아니다

내 옆을 쌩하고 무서운 속도로 지나가는 오토바이를 보면 피해야겠다는 생각이 일어나기 전에 먼저 몸이 반응해 자동 반사적으로 피하듯 무의식의 작용은 워낙 순식간에 일어나며, 내가 그것을 인식하기도 전에 일을 처리해버립니다. 나는 그저 나타난 사건에 반응했을 뿐인데, 이상하게 내 친구는 더 나은 삶을 살고, 나는 지속적으로 불행한 운명만 펼쳐집니다.

많은 사람은 열심히 살지 않아서, 혹은 내가 좋아하는 게 없어서 무기력하다고 느끼는데 본질은 그 감정이 학습된 결과입니다. 우리의 외부에서 답을 찾는다면 문제가 되어 보이는 모든 것들을 바꾼다 해도 또 다른 문제가 삶으로 나타나게 됩니다. 잘하려고 할수록 삶은 수렁으로 더 깊게 빠져듭니다. 이 것이 나의 내면의 문제임을 인식하더라도, 도대체 어디서부터 바꿔야 하는지 그 시작점을 찾기조차 어렵습니다.

우리의 감정은 동그란 모양의 은색 동전에 학이 그려진 것을 500원이라고 학습해서 뇌에 기억으로 각인한 것처럼 그렇게 마음을 학습한 결과입니다. 마치 평생 동안 오른손잡이로 살았다면, 지금부터 왼손을 사용하는 연습하는 것과 다르지 않습니다. 내 삶에 외부로 나타난 모든 일은 피하고 싶고 두려워하는 감정들이 만들어낸 것들입니다. 삶을 바꾸려면 내가 피하고 싶고 두렵다고 느끼는 나의 무의식을 마주하고, 습관화된 무의식 패턴들을 붕괴시키고 교정하는 연습을 해야 합니다

하지만 이미 감정이 나인 것처럼 주인 행세를 하고, 삶의 주도권을 무의식에 뺏겨버리고 나면 쉽지 않습니다. 누가 그렇게 하라고 시키지도 않았고, 결정적으로 나 자신은 그렇게 행동하기 싫은데, 나의 행동을 조율하기 직전에

모든 일은 끝나버리고 나는 바꿀 기회조차 얻지 못한 채 사건이 끝난 후에야 발견만 하게 됩니다.

아이에게 버럭 화내고 싶지 않고, 지각하지 않고, 다이어트 성공을 위해 야식을 먹고 싶지 않지만, 순식간에 아이에게 소리를 지르고 있고, 어느 순간 나는 또 늦잠을 자버렸고, 야식을 먹고 있는 나를 발견합니다. 습관적으로 반응하는 파괴적인 행동 패턴과 생각과 느낌은 이렇게 반복적으로 학습된 기억에서 오는 것들입니다. 이 모든 것은 표면의식이 아닌 무의식에 잠재되어 있다가 자동으로 나타나는 것들입니다. 그래서 내 안에 나를 조정하는 거대한 무언가가 있다고 느껴지는 것입니다.

저 역시도 기분이 좋아지는 쇼핑, 맛있는 것 먹기, 방 청소, 운동, 걷기 등 우울함을 치료하는 데 도움이 된다는 모든 것들을 다 해봤습니다. 그를 통해 즉각적으로 변화된 감정들도 있지만, 마음속 기저에 뿌리 깊게 박힌 일부 감정들은 기분 좋아지는 노력을 아무리 해도 털어내기가 힘들었습니다. 그러면서 저는 내면을 깊게 탐구하기 시작했습니다. 각종 심리학 도서, 영성 관련 책, 성경, 불경 등 마음과 관련되어 도움이 된다고 느껴진다면 닥치는 대로 읽었지만, 안타깝게도 지식은 마음의 문제를 해결해 주지 않았습니다. 지식은 내 마음을 이해하는 데 도움을 주었습니다. 마치 새로운 전자기기를 사용하기 전 설명서를 읽으면 작동하는 법을 알게 되는 것처럼 말입니다.

살면서 경험한 모든 기억은 시간이 지나면 표면의식에서는 기억이 희미해지긴 하지만, 특정 사건을 경험했던 시기에 나에게 생존을 위협할 만큼 충격적으로 다가왔고, 상처를 받았던 당시에 제대로 치유하지 못한 감정들은 우리의 무의식에 그대로 남아 있습니다. 그렇게 무의식에 남은 기억들은 살아가면서 어떤 특별한 일을 경험하거나 특정한 사람을 만나면서 표면의식으로 올라오게 됩니다. 우리의 내면에 우리 자신보다 우리를 더 사랑하는 나의 영혼은 우리가 사는 생애 동안 우리 내면 안에서 처리 못 한 감정들을 처리하고 더 행복하게 살길 원하기 때문에, 우리 자신이 그 감정을 제대로 마주하고, 처리할 때까지 비슷한 사건을 보여주면서 해결하도록 합니다.

우리는 그것을 팔자라고 말하기도 하고, 업(業)이나 카르마(karma)라 부르기도 합니다. 그런데 그것은 내 사주팔자나 운이 나빠서 생긴 게 아닙니다. 그저 조상 대대로 내려온 습관화된 마음일 뿐입니다. 나의 부모, 나의 부모의 부모가 우리의 조상이 그 무의식을 처리하지 않았기 때문에, 내가 그 생각을 그대로 물려받게 된 것뿐입니다. 조상 대대로 무의식에 기록해둔 습관화된 마음이 가보처럼 대물림되어 순서대로 나에게 온 것뿐이었습니다. 특정 사건이 삶에 나타나게 되면 우리는 운명을 거스를 수 없는 것처럼 느껴집니다. 우리가 할 수 있는 최선의 발악은 유전자 탓, 집안 탓, 사주팔자 탓, 운명 탓을 하는 것뿐이었습니다. 그렇기에 스스로가 나의 운명을 치유할 기회를 아무도 얻지 못했던 것입니다.

그래서 의식적으로 생각했을 때는 행복해지고 싶은데 무의식 안에서 처리되지 못한 감정들이 내가 행복해지고 싶다고 다짐할 때마다 올라와 나의 운명에 장난을 치기 시작합니다. 분명 삶은 내 의지대로 사는 것처럼 느껴졌는데, 돌이켜보니 어디에도 나는 없었습니다. 도대체 초대한 적도 없던 '내 마음속 룸메이트'는 언제부터 제 안에 살고 있었던 걸까요?

04

열심히 사는 나를 방해하는
그 녀석의 정체

- 내 삶을 프로그래밍하는 이것

현대 신경과학에서는 뇌의 구조를 세분화하여 각각의 역할을 분석하지만 저는 쉽게 내가 인식할 수 있는 〈현재 의식〉, 내가 의식하지 못하고 행동하는 〈무의식〉, 그리고 나도 모르는 내 마음속 깊은 기저에 깔린 〈잠재의식〉 세 가지로 나누어 이야기해보겠습니다.

현재 의식은 보고, 듣고, 느끼는 등 현실에서 감각기관을 통해서 들어오는 신호를 인지하는 의식이며, 이것은 감각, 이성에 의존합니다. 반면 잠재의식은 일종의 기억 창고 역할을 담당합니다. 태어나며 경험한 모든 연상기억과 의미기억들이 누적되어 있습니다.

표면의식에서는 잊었다고 생각했던 모든 기억도 이 잠재의식 속에 잠들어 있을 뿐, 모든 기억이 지워지진 않습니다. 무의식은 현재 의식이 있든 없든 관계없이 항상 활성화되어 있는 정신 상태입니다. 오감(시각, 청각, 후각, 촉각, 미각)으로부터 들어오는 신호는 우리의 현재 의식과 관계없이 상황이 발현되면 자동으로 활성화됩니다. 우리가 나도 모르게 어떤 행동이나 말을 할 때 나타나는 것들로, 특히 인간의 생명 유지, 생존과 연관되어 있을 때 이것은 자동화되어 나타나게 됩니다. 그래서 무의식에 한 번 저장해두면 시간이 오래 지나서도 자연스럽게 다시 끄집어낼 수 있게 됩니다. 마치 우리가 어린 시절에 배웠던 동요와 율동을 성인이 되고 나서도 전주만 들으면 그때의 기억이 되살아나 온몸의 세포가 활성화되면서 그때처럼 노래와 율동을 하게 되듯 말입니다.

스탠퍼드 의과대학의 세포생물학자이자 진화생물학자인 브루스 립튼 박사는 '인간은 인생의 95% 시간은 잠재의식에 프로그래밍된 대로 살아간다.'라고 합니다. 쉽게 설명하면 매일 사용해서 익숙해진 전자기기는 설명서를 보지 않고도 쉽게 다루지만 새로운 제품은 익숙해지는 데까지 시간이 걸리는 것과 같습니다. 무의식에 처리된 사용법은 인지하지 않아도 자동으로 출력되고 익숙하지 않은 제품은 사용 방법을 잘 모르기 때문에 설명서를 보고 사용법을 읽히고 숙지하는 데 시간이 걸립니다.

- 나도 몰랐던 내 삶의 자동 완성 프로그램

하지만 이렇게 여러 번 학습을 통해 새긴 기억 말고, 아무 노력 없이, 우리도 모르는 사이에 새겨지는 잠재의식이 있습니다. 그것을 우리는 무의식이라고 부릅니다. 말 그대로 의식하지 못한 사이에 새기게 된 것입니다. 그중 우리 삶에서 가장 강력하게 작동하는 무의식은 엄마 배 속에서부터 생후 7년 동안 기록한 것들입니다. 인간이 엄마 배 속에 잉태될 때, 머리보다 먼저 생기는 것이 심장입니다. 심장이 생기고 나서 가장 마지막에 생기는 것이 뇌입니다. 그래서 어린 태아가 뇌가 없어 판단이나 생각은 할 줄 몰라도, 탯줄을 통해 엄마로부터 다운로드한 심장을 관통한 느낌은 태아의 모든 세포에 각인되어 무의식에 자리잡게 됩니다. 그래서 어린 시절에 엄마가 어떤 사건에 반응했던 느낌이나 기분, 엄마가 좋아했던 음식 등을 아이에게 가르치지 않아도 아이는 그때의 느낌과 감정을 심장에 기록하고 있기 때문에 아이는 모든 것을 아는 것입니다.

태아 시절부터 7살 이전까지 아이는 내 주변의 모든 규칙과 환경을 관찰하면서 인생을 살아가는 방식이나 고정관념, 느낌 등을 의심 없이 잠재의식에 자동으로 다운로드합니다. 그것들은 부모의 말이나 행동, 느낌, 표정 등을 보고 느끼면서 잠재의식 속에 프로그래밍 합니다. 그리고 이것은 우리 삶의 기본이 되는 프로그램이 됩니다. 생후 7년 동안 삶을 작동하는 기본 프로그램을 95% 다운로드하고 나머지 5%는 의식과 창의성에 따라 인생을 살아가게 됩니다. 그래서 우리 인생은 어린 시절에 저장한 무의식에 새겨진 신념을 거울처럼 비추며 살아가고 있다고 해도 과언이 아닙니다.

저는 어린 시절 비교적 화목한 집안에서 조부모님과 부모님의 사랑을 받으며 자라왔습니다. 제 기억의 대부분을 차지하는 어린 시절은 가족들의 응원과 지지를 받으며 자라왔기 때문에 처음 극심한 무기력을 동반한 우울증을 발견하고 나서는 사실 이 원인이 어디에서 왔는지 찾을 길이 없었습니다.

저는 외부에 여러 고통스러운 사건들이 있어서 이런 심리적 문제가 발생했다고 생각했지만 가족들이 병을 다 완치하고 나서도 제 내면의 우울함은 치유되지 않았습니다. 처음에는 외부적으로 성과를 잘 내기만 한다면 이런 문제들이 사라질 거라 생각했습니다. 하지만 어떤 상황을 맞이해도 우울한 마음은 늘 그대로 있었습니다. 셀프 심리 치료를 이어나가면서 제가 발견한 저 자신의 심리적인 가장 큰 문제는 표면의식도, 무의식도 아닌 저조차도 기억하지 못하는 초대하지 않은 손님들이 가져다준 것들이었습니다. 심리 상담을 받을 당시 선생님이 말했던 내면아이의 정체가 바로 이것이었습니다.

자라면서는 너무나 큰 사랑을 받고 자랐기 때문에 심리 공부를 시작하기 전에는 저 자신을 이해하기 어려웠습니다. 나는 왜 내가 습관적으로 죽고 싶어 했는지, 왜 습관적으로 우울함이 밀려왔고, 세상엔 아무도 날 지켜주지 않는다고 생각했는지, 이해할 수 없었던 감정들이었습니다. 그런데 그 초대받지 않은 손님은 나의 뇌가 탄생하기 이전, 즉 나의 의식이 생기기 이전에 심장에 각인된 느낌들이었으니 당연히 제가 알 수가 없었습니다.

나도 모르게 내 삶에 각인된 기억들이 제 삶을 30년 이상 조종하고 있었다는 사실을 알고 저는 너무 놀랐지만, 왜 그렇게 내 마음이 내 의지대로 되지 않았는지 비로소 내 삶을 조금 이해할 수 있었습니다. 현재 삶에 나타난 일들 중 이유를 알 수 없는 사건이나 아픔이 있다면 과거의 특정한 사건이나 경험과 연결되어 있을 가능성이 큽니다. 특히 원인을 찾기 어려운 병이나 고통은 우리가 의식하지 못했던 시기인 7세 이전에 나도 모르게 새겨져 무의식에 각인되어 있을 확률이 높습니다.

오랫동안 감정을 억눌러두면 그 감정은 인격화가 되어버립니다. 그래서 그것을 심리학에서는 〈내면아이〉라고 부릅니다. 내면아이는 어린 시절의 주관적인 경험을 설명하는 용어로서, 뇌 속에 저장된 어린 시기의 기억은 개인의 정서에 관련된 기억을 설명해 주는 역할을 합니다. 내면아이는 한 개인의 인생에서 어린 시절부터 지속적인 영향을 주는 존재입니다.

마음이 괴로우면 표면의식으로는 그 뿌리가 된 감정을 찾아서 치료하고 싶다는 의지를 발현합니다. 하지만 우리의 잠재의식에 새겨둔 상처 받은 기억은 내면아이 자신에게도 너무나도 큰 상처가 되었던 기억이기 때문에 그 기억을 스스로 발견하기 어려울 만큼 깊숙한 곳에 숨겨 놓을 때가 많습니다. 그래서 겉으로는 문제가 되는 것들이 하나도 없는데, 마음이 너무 괴롭다면 스스로 꺼내기 어려운 곳에 아픔을 숨겨뒀을 수 있습니다. 바로 저처럼 말입니다.

억눌린 마음들은 자신의 존재 자체로 있는 그대로 인정받길 원하는데, 표면의식에서는 '내 삶에 쓸모없는 것들'이라는 판단을 내려 그 감정을 없애려 하기 때문에, 억눌린 감정을 찾으려 시도했다가 더 깊은 어둠으로 빠지기도 합니다. 상처받은 내면의 마음은 자신을 없애는 걸 원하는 게 아니라 있는 그대로 자신을 바라봐주길 원하기 때문입니다. 하지만 내 어둠을 객관화하여 마주하기란 쉽지 않습니다. 그래서 심리적 저항감만 없다면 심리 상담을 통해 힌트를 얻고 지름길을 찾아가는 것이 빠른 치유에 도움이 되기도 합니다.

내 마음을 치유한다는 것은 결국 습관화된 마음을 바꾸는 것이었습니다. 세상은 내가 내면에서 떠올린 생각과 느낌을 반영만 하는 곳이기에, 내가 나 자신을 위로하지 못하고, 내가 나 자신을 사랑하지 못하면 나의 그런 마음을 외부에서 거울처럼 비추기만 할 뿐이었습니다. 자신에게 한 번도 친절해 본 적도 없고, 내 내면이 진짜 원하는 것이 무엇인지 알려고 하지 않았던 저는 나를 이해하고 사랑한다는 것이 이렇게 어려운 일인지 몰랐습니다. 가짜로 만들어둔 허상의 가면을 벗기만 되는 줄 알았는데 생각보다 수많은 가면을 쓰고 있던 저를 바라보며, 내면 깊숙한 곳까지 들어가는 것은 생각보다 긴 시간의 여정이 소요되었습니다.

7살 이전에
내 인생이 결정되었다고?

전 일곱 달 만에 세상에 태어났습니다. 제가 태어났을 때 체중은 1.8kg, 보통 신생아의 절반 정도 되는 작은 사이즈로 세상에 나오게 되었습니다. 왜 저는 저체중 미숙아로 탄생을 선택했는지 이해가 되지 않았습니다. 하지만 심리학을 공부하고 난 뒤 생각해보니 아이를 가지고 걱정과 고민의 나날들로 임신 기간을 보냈을 엄마의 감정을 태아인 내가 그대로 받았다면, 저는 분명 엄마 배 속이 편하지 않았을 것입니다. 아마도 안전하지 않은 그곳, 엄마 배 속을 탈출해야 내 생존이 유리하다고 판단하고 세상에 일찍 나오지 않았나 생각하게 되었습니다.

그리고 어느 날 저의 물음표에 마침표를 찍게 된 하나의 프로그램을 유튜브 알고리즘을 통해 보게 됩니다. 2013년에 방송된 EBS1 다큐 프라임 〈퍼펙트 베이비〉의 1부에서 태아 프로그래밍 편을 보고 저의 무의식을 깊게 이해했습니다. 〈퍼펙트 베이비〉에서는 태아는 본능적으로 엄마가 내 생명을 주관한다는 것을 알기에 엄마에게 최대한 불편을 끼치지 않으려고 한다고 말합니다.

방송에서는 엄마가 즐거울 때, 슬플 때의 감정이 정말로 아이에게 전달된다는 실험 결과를 진행합니다. 엄마가 보는 드라마의 내용에 따라 태아의 움직임이 달라진다는 것을 초음파를 통해 관찰할 수 있었습니다. 기분이 즐거울 때 활발한 움직임을, 슬플 때 정적인 움직임을 보였습니다. 엄마가 태아 때문에 힘들고 불편하다 느끼게 되면 태아는 자신의 생명이 위험해질 것이라는 걸 본능적으로 알기 때문에 배 속에서도 잘 움직이지 않습니다. 엄마에게 피해가 갈까 봐 최대한 숨죽여 살게 됩니다.

저는 어린 시절에 너무 작았고 자주 아팠고 예민한 아이였다는 이야길 엄마를 통해 자주 들었습니다. 저의 성장 속도가 따른 또래 친구들보다 느리고, 자주 아파서 가족들은 행여 제가 죽을까 봐 절 정말 극진히 돌봐주셨다고 했습니다. 하지만 제가 어린 시절부터 자주 불안감을 느끼고, 사랑받지 못했다는 감정을 자주 느꼈는데, 그건 엄마가 절 임신했을 때 엄마의 주된 감정인 불안을 그대로 느끼게 되면서 제 잠재의식에 그때의 감정들이 새겨진 것들이었습니다.

저는 미숙아로 태어나 두 달 동안 인큐베이터에서 생활했습니다. 세상에 처음 태어나서 마주한 곳은 엄마 품이 아닌 낯선 병원의 인큐베이터 안이었고 각종 기계음과 의사들, 간호사들과 마주하면서 지냈습니다. 엄마에게 들은 이야기로는 저는 병원에서 자주 아프고 많이 울어서 병원에서는 저를 포기하다시피 조기 퇴원을 권유했다고 합니다. 신생아실 인큐베이터 안에서 제가 너무 크게 울어대서 저로 인해 다른 신생아들이 많이 운다고 간호사들은 저를 반기지 않았다는 이야기를 들었습니다. 또한 의사는 제가 더 크지도 않고 차도가 보이지 않으니 아이를 집에 데려가서 키우든 살리든 하라는 이야길 했다고 들었습니다.

제가 세상에 잉태된 순간 저희 부모님은 저를 만난 기쁨보다는 아이를 어떻게 기를지, 병원비는 어떻게 마련할지, 근심 걱정을 먼저 하게 되었고, 세상이라는 곳에 태어나서 처음 마주한 곳은 차가운 병원과 나를 반기지 않았던 낯선 사람들이었습니다. 두 달간 엄마와 분리되어 있으면서 저는 엄마에게 버려졌다 느껴졌을 것입니다. 세상 경험을 하기 전부터 저는 생존의 위협에 노출되어 있었습니다. 제 무의식엔 세상은 차갑고 무서운 곳, 안전하지 않은 곳, 아무도 나를 지켜주지 않은 곳이라는 생각이 저도 모르게 이 시기에 각인되었다는 합리적인 추론이 가능했습니다. 제가 인큐베이터 안에서 제가 그렇게 목이 터져라 울었던 것은 병원에서 의사와 간호사는 나를 반기지도 않는다는 것을 육감으로 느꼈고, 나의 생명을 주관하는 부모도 이곳에 없으니, 생명의 위협을 매 순간 느꼈을 것입니다. 말을 할 줄 모르는 신생아가 살려달라고 할 수 있는 유일한 의사표시는 울음이었기에 그렇게 인큐베이터 안에서 매 순간 살려달라 울었던 것입니다.

저는 공포 영화는 눈을 뜨고 보지 못할 정도로 두려워했고, 또한 누군가에게 인정받기 위해서는 무엇을 해야 한다는 강박이 언제나 저를 문밖으로 밀어냈습니다. 이렇게 제가 평소에 느끼는 사랑의 결핍이나 불안함 감정들의 온전히 느껴본 뒤, 명상 상태에서 무의식 안으로 들어가 엄마 태아 시절에 엄마 배 속에서 느꼈던 불편한 감정과 비교해보면 소름 끼치도록 비슷한 감정들이 올라왔습니다.

심장이 찢기도록 아픈 느낌이나, 온몸의 근육이 수축되고, 심리적으로 압박을 받는 무언가에 쫓기는 감정이 들 때 느끼는 감정이 소름 끼치도록 닮아있었습니다. 성장하면서 상황과 사람만 다를 뿐 비슷한 감정의 반복 재생이었습니다. 현재를 사는 것 같지만 사건만 다를 뿐 저는 늘 과거의 필름을 다시 재생해서 사는 것과 다르지 않았습니다.

표면의식에서 기억하는 저의 어린 시절은 사랑받았던 기억밖에 없었습니다. 아빠는 제가 초등학교를 졸업하고 중학교 갈 때까지 손톱 발톱을 잘라주셨고, 엄마는 학창 시절 제가 책상 앞에서 딴짓을 하더라도 제 꿈을 지지해 주셨습니다. 할머니, 할아버지는 제가 심심할까 봐 각종 집안 행사에 데려가 무릎에 꼭 앉혀서 맛있는 걸 주셨습니다. 온 가족이 이해와 사랑으로 저를 보살펴 주었습니다. 이렇게 사랑만 받고 자랐던 기억뿐인데, 어느 순간 제 삶에서 예고 없이 튀어나와 나의 모든 감정을 뒤섞어버리는 이 두려움은 어디서 왔을지 항상 궁금했습니다.

- 인생 프로그램이 오류 나는 이유

제가 이 두려움을 의식하기 전까지 저는 삶에서 나타난 두려운 감정들이 올라오면 억누르기 바빴습니다. 매번 더 깊숙한 곳으로 감정을 숨겼기 때문에 내가 두려움을 인식한다는 사실조차도 몰랐던 것입니다. 하지만 그 두려운 모든 감정은 어린 시절에 제대로 처리되지 못했던 감정들의 재생이었습니다. 저의 우울한 감정들, 슬퍼하고 혼자 힘들어하는 제 안의 인격화가 돼버린 내면아이는 혼내거나 무시해야 할 아이가 아니라 이제라도 내가 돌봐줘야 할 대상이었습니다.

만약 엄마가 원치 않는 임신을 해서 낙태를 결심했다가 결국 낙태를 하지 않고 태어났다거나, 엄마가 나를 낳기 전에 유산 경험이 있거나, 저의 경우처럼 엄마가 아이를 임신했을 때 심리적으로 불안하거나 행복하지 않은 상태에 있었다면 엄마의 생각과 기분은 태아에게 심장을 통해 느낌으로 바로 전송이 됩니다.

한 인간은 세상에 하나의 생명체로 잉태된 순간부터 죽을 때까지 생존 본능을 가지게 됩니다. 아무것도 할 수 없는 어린아이에게 엄마의 존재는 세상을 살아가게 해줄 유일한 사람이기 때문에 엄마에게 사랑을 받고 싶어 하는 것이 본능입니다. 그런데 엄마가 나를 원하지 않는다고 느꼈거나, 엄마가 태아를 불편한 존재라고 느끼게 되면 그 감정이 배 속에 있는 아이에게 그대로 전달됩니다. 그래서 어린아이는 엄마가 나를 미워하게 되면 자신의 생존이 어려울 수도 있다고 생각하기 때문에 사랑받기 위해 최선을 다합니다.

엄마의 심리 상태가 불안정한 시기에 임신이 되어 태어난 아이들은 엄마에게 인정받기 위해서 착한 아이가 되기로 무의식중에 결심을 하는 것입니다. 어린 시절에 철이 빨리 들어버린 아이들은 이런 부모의 상황을 이해하고 느끼고 있기 때문에 부모에게 짐이 되지 않으려고 노력하는 것입니다.

사춘기 시절 감정 기복을 심하게 겪거나 성인이 돼서 부모에게 크게 반항을 하고, 멀쩡히 잘 다니던 회사를 그만두거나 한다면 분명 마음속에 어떤 표현되지 못한 감정들, 즉 감정이 된 인격체 내면아이가 자신의 존재를 드러내기 시작한 것입니다. 아무리 생각해도 출처를 모르는 심리적 고통을 느낀다면 그 출발은 엄마의 배 속 시절일 가능성이 큽니다.

아이를 가진 엄마는 당시의 자신의 상황이 너무 힘들어서 그저 불안한 마음이나 불평을 했을 뿐인데 엄마 배 속에 있던 아이가 느끼기에는 엄마가 나를 원치 않고, 생명의 위협을 매번 받았다고 느꼈기 때문에 잠재의식에 그때의 감정들이 모두 자동으로 저장이 되어 있습니다. 어린 시절 이렇게 억눌려 있던 잠재의식 속 감정들은 외부의 특정한 상황을 만나게 되면 그때의 감정이 자동으로 재생이 되고, 억눌렸던 감정은 폭발하게 되는 것입니다.

세상의 모든 아이들은 부모의 따뜻한 품 안에서 조건 없는 사랑을 받고, 부모의 응원과 지지를 받으면서 성장해야 합니다. 그래야 무의식에 건강한 생각들이 뿌리 깊게 자리잡게 됩니다. 부모에게 받았던 사랑과 따뜻한 응원으로 성장한 아이는 자존감이 높습니다. 자신이 아무리 부족하고 모자라더라도 부모로부터 받은 사랑의 힘을 바탕으로 세상이 자신을 응원하고 지지해준다는 생각이 잠재의식 속에 깊게 자리잡고 있습니다. 이렇게 부모의 사랑을 받고 자란 아이는 성장하면서 힘들고 어려운 상황이 되어도 포기하지 않고, 어려운 일도 슬기롭게 잘 극복할 수 있게 됩니다. 누군가 나를 믿고 지지해 준다는 생각이 항상 내면에 깊숙이 들어 있기 때문입니다.

하지만 아이의 행동이 아이답지 못하고 어른처럼 속 깊은 생각을 하고, 지나치게 독립적으로 행동한다면 어쩌면 그건 좋은 신호가 아닐 수 있습니다. 어린 시절에 조건 없는 사랑을 받아보지 못하면 정말 어려운 일이 있었을 때 기댈 곳이 없다는 생각이 무의식 속에 자리잡게 됩니다.

또한 나는 가치 없는 존재, 사랑받지 못하는 존재라는 생각이 뿌리를 내리고 누군가에게 조건 없는 깊은 사랑을 받아보지 못한 아이는 사랑을 받는 것도 두려워하게 되고, 반대로 버림받을까 봐 사랑을 주는 것도 두려워하게 됩니다. 세상은 날 보호하지 않으며, 날 지켜줄 사람이 없다는 생각이 무의식에 크게 자리잡게 됩니다. 이런 무의식의 지배를 받게 되면 성인이 돼서 어떤 문제가 발생하면 해결보다는 포기할 확률이 높아집니다. 나를 믿어주는 사람이나 지지해 주는 사람이 없다는 생각이 크게 작용하면 내면의 용기나 의지가 약해집니다.

내면이 나약해지면 자존감은 떨어지고 자존심만 강해지게 됩니다. 타인의 성공과 행복은 누군가 내 것을 뺏었다는 생각이 들어 시기와 질투, 분노를 유발하게 됩니다. 또한 누군가와 함께 성장하거나 함께 돕고 살아가는 세상이 아니라 남의 것을 뺏고 내가 누르고 일어서야 성공을 할 수 있다는 믿음이 내면에 자리잡기 시작합니다. 그래서 지금 마음이 힘들다면 자신을 힘들게 하는 감정의 뿌리를 찾아보고, 세상에서 가장 마음이 넓은 부모처럼 그때의 나의 감정을 알아주어야 그제야 치유가 시작되는 것입니다.

06

같은 가족 전혀 다른 삶,
나와 동생

- 인생 프로그램이 다르게 깔리면 다른 삶을 삽니다

저와 제 여동생과의 나이 차이는 7년 11개월, 거의 8살 차이가 납니다. 초등학교 1학년 겨울 방학을 앞두고 늦둥이 동생이 태어났습니다. 엄마가 동생을 임신하고 가장 달라졌던 것은 아빠가 일을 하시기 시작했다는 것이었습니다. 아빠는 결혼 직후 오랜 시간 방황하시면서 하나의 직업을 오래 유지하지 못하셨습니다. 그런 아빠가 어떻게 마음을 다잡게 되셨는지는 몰라도 아빠는 자신의 일을 성실하게 하셨습니다. 온 가족의 축복과 사랑 속에서 태어난 동생은 아들 못지않은 우렁찬 울음소리와 건강한 신체조건을 가지고 태어났습니다. 조산아로 태어나 행여 내가 죽을까 마음을 졸이며 육아를 했던 나의 어린 시절과 상반된 건강한 아이였기 때문에 집안은 아기 울음소리가 우렁차게 들렸고 가족들의 웃음은 끊이질 않았습니다.

엄마는 나를 키우던 시절엔 항상 일했지만 동생을 키우면서는 동생이 어느 정도 성장할 때까지는 일을 하지 않으셨습니다. 나중에 엄마에게 물어보니 엄마는 저를 키우면서 부모 교육을 통해 배워보니 어린아이에게는 부모가 옆에 있다는 것이 무엇보다도 중요하다고 생각하게 되어서 일을 하지 않기로 결정했다고 하셨습니다. 또한 동생이 태어난 후에는 아빠의 꾸준한 벌이가 있었기 때문에 엄마가 일하지 않으셔도 되는 상황이 펼쳐졌습니다.

동생과 제 삶을 탄생의 시점부터 초등학교를 들어가기 전까지 돌이켜보면, 우리 둘은 같은 집, 한 부모 밑에서 길러졌지만 무의식은 전혀 다른 배경을 가지고 자라게 되었습니다. 성장을 하면서도 각자 인생의 다양한 이야기가 있긴 하지만 지금에 와서 돌이켜보면 저와 동생의 심층 무의식을 결정지었던 시기, 그러니까 엄마 배 속에 잉태된 순간부터 초등학교에 가기 전까지의 기억은 극과 극으로 달랐습니다. 저의 탄생은 시작부터가 불행했던 임신이었지만, 동생은 모든 사람의 축복 속에 태어났습니다. 제가 태어나서는 엄마는 일터로 바로 나갔고, 동생이 태어난 이후에 엄마는 일 대신 동생을 양육하는데 시간을 보냈습니다.

이때의 시간들이 삶에 어떤 영향을 끼치는지 전혀 몰랐던 저는 비로소 저의 우울증을 마주하고 나서 비로소 동생과 저의 어린 시절의 성장 배경이 너무나도 다르다는 사실을 알게 되었습니다. 동생과 나이 차이의 갭이 있다 보니 저는 19살 때 대학 진학을 통해 출가하게 되었고, 동생과 저는 그로부터 10년 뒤에 사업을 하면서 다시 만나 살게 되었습니다. 당시 동생 나이가 24살, 제 나이는 31살이었습니다.

동생과 어느 정도 성장한 뒤에 서로가 만나 함께 살게 되면서 동생과 저는 한 집에서 살았지만 부모에 대한 기억도 서로가 다르고, 같은 사건을 바라보더라도 비슷한 해석이 아닌 다른 해석을 하는 것이 처음엔 신기했습니다. 특히 저는 어린 시절에 부모님과 함께했던 기억보다 할머니, 할아버지 손에서 자랐던 기억이 많은데 동생은 부모님과 함께했던 추억이 꽤 많았습니다. 특히 동생은 내 뒤에 나를 지켜주는 부모가 있다는 생각이 무의식에 항상 깔려 있었고, 저는 믿을 사람은 없다, 세상에 기댈 곳은 없다는 생각이 언제나 바탕에 깔려 있었습니다.

또한 같은 사건을 경험했더라도 동생은 저보다 나이가 어리지만 심리적 압박이나 충격에서 훨씬 유연하게 빠져나왔습니다. 저는 어린 시절부터 부모님과 떨어져 살아서 추진력이나 책임감은 강했지만 어디선가 심리적 고통이나 압박을 느끼게 되면 그런 괴로운 감정들을 유연하게 다루지 못했습니다. 특히 인간관계에서 상처를 받으면 내가 상처받을까 봐 먼저 상대에게 이별을 고하거나 그 상황을 회피해버렸지만, 동생은 인간관계에서 상처를 받았더라도 그 관계를 끝까지 책임지려 했고, 또 다음 관계를 잘 맺어나가는 모습을 보며 나와 많이 다르다고 생각을 많이 했습니다. 특히 비슷한 시기에 연애를 하다 이별을 경험하더라도, 저는 침대에 며칠을 누워 세상이 끝난 것처럼 슬퍼했다면, 동생은 잠깐 슬퍼한 뒤에 게임을 하거나, 집안일을 하며 생각을 정리했습니다. 비슷한 일을 경험해도 사건을 바라보는 시각과 그것을 회복하는 방식이나 기간이 현저히 달랐음을 느꼈습니다.

- 인생 프로그램의 버그

저는 제 마음을 치유하고 타인들의 삶과 마음을 들여다보면 어린 시절의 기억이 그 사람의 삶 대부분을 결정짓는다는 것을 느끼게 되었습니다. 특히 태아에서부터 초등학교 들어가기 전에 결정되는 감정들은 보통 우리가 부르는 심층 무의식에 깔리게 되는 감정들이기 때문에 우리의 모든 행동의 기본적인 판단 기준을 결정짓는 중요한 요소로 작용합니다. 우리 삶에는 이유 없는 결과는 없었습니다.

범죄의 현장에서 사건을 수사하는 프로파일러들이 항상 하는 말이 모든 사건은 흔적을 남긴다고 합니다. 마치 그것은 억울하게 살다간 죽은 자가 보내는 마지막 메시지처럼 느껴지기도 할 만큼 완전 범죄는 없다고 이야기를 합니다. 우리의 삶도 그렇습니다. 모든 사건엔 감정을 남기게 됩니다. 마음의 고통이 있는데 그 시작이 어디인지 잘 모르겠다면 아마도 단서는 아주 어린 시절일 수 있습니다.

내 감정의 씨앗을 찾았지만 그 감정을 들여다보기가 불편하다 느낀다면, 처음에는 감정을 급격히 바꾸려고 시도하지 말고, 지금 힘든 감정 그 자체, 바라보기 두려운 그 마음부터 인정해 주는 것이 좋습니다. 당장 변하고자 하는 그 마음을 잠시 내려두고 지금 힘든 그 자체의 마음을 일단 인정해 주는 것입니다. 충분히 그럴 수 있다고요.

내가 내 내면을 바라볼 때 조금 여유롭고, 따뜻한 마음을 갖고 기다려준다면 내 무의식은 내 표면의식의 의도에 분명 반응하게 됩니다. 다그치지 않고 천천히, 세상에서 가장 너그러운 엄마의 모습으로 나의 내면을 바라보고 대해주세요. 내면을 다그치기 시작하면 모든 치유는 제자리로 간다는 사실을 명심하고, 조금 답답하더라도 천천히 조금씩 나아가야 합니다. 저 역시도 너무 두렵고, 인정하고 싶지 않았던, 제 우울한 감정과 그 뿌리가 되는 사건들을 진짜로 직면하기까지 결국 3년이라는 시간이 걸렸습니다.

그러니 지금 변하지 않으면 안 돼, 빨리 바꿔야 해, 라는 불안한 감정이 올라올 때마다, 그 감정마저도 알아주세요. '지금 내가 두렵고, 참 불안하구나.' 라고 말입니다. 그리고 내가 상처받았던 시간만큼 치유의 시간이 걸릴 것이라고 아주 넉넉하게 기간을 잡아두고 천천히 조금씩 나아가시면 됩니다. 실제 내가 마음을 먹고, 조금씩 천천히 내면을 닦다 보면, 처음엔 답답하고 지지부진한 것 같지만, 실제 치유는 내가 상처받았던 기간에 비해 훨씬 빠른 시간에 회복된다는 것을 느끼실 겁니다. 그러니 지치지 마세요.

07

정말 사주팔자
때문일까?

- 내 인생을 내가 결정하고 온다고?

어느 날 저는 '왜 한 집안에서 태어났는데 동생과 나는 이런 다른 삶의 배경을 가지고 성장하게 되었을까?'에 대해서 의문이 생기기 시작했습니다. 한편으로는 왜 어릴 때 나만 상처받았던 기억을 가지고 태어나서, 송두리째 고통받는 삶이 왜 동생이 아니라 내 삶이어야 하는지, 신은 나에게 왜 이런 불운한 운명을 퍼부었는지 이해가 되지 않았습니다. 살아가면서 내가 선택했던 직장, 대학 입학, 배우자 등 내 의지로 선택한 것들은 어쩔 수 없다 쳐도 내 삶은 왜 우리 엄마의 몸을 타고 와서 지금 여기에 펼쳐졌는지 그 시작이 궁금했습니다.

제 삶뿐만 아니라 주변이나 미디어를 보더라도 이해가 되지 않는 삶들이 많았습니다. 태어나자마자 아무 죄도 없는데 부모로부터 버려지게 되거나, 잘 살다 갑자기 하루아침에 허망하게 죽거나 하는 운명들에 대해서 저는 궁금해졌습니다. 우리의 삶이 나의 내면의 무의식을 반영한다는 사실은 양자물리학이라는 과학적 이론을 통해 어느 정도 증명이 되었지만, 인간의 전생과 사후세계에 대해서는 아직까지 과학이 많이 밝혀내지 못했습니다. 하지만 우리 삶이 왜 이렇게 펼쳐졌는지, 죽음의 문턱까지 다녀온 임사 체험자들의 후기와 여타 종교 책들에서 해답을 찾을 수 있었습니다.

그중 저에게 가장 흥미롭게 다가왔던 내용은 『웰컴 투, 지구별』이라는 책에서 발견하게 되었습니다. 저자인 로버트 슈워츠는 2003년, 자신의 문제로 치유를 받던 중 채널러(의식 수준이 뛰어난 영적 존재와 교신 행위를 하는 사람)의 도움으로 비물질적 존재들과 대화를 나누게 됩니다. 그리고 그 대화를 통해 우리가 왜 이런 삶을 선택하게 되었는지 알게 되었다고 이야기합니다.

우리가 살면서 겪어온 수많은 고통과 시련이 실은 태어나기 전 영혼의 단계에서 우리가 이번 생을 이렇게 살기로, 선택하고 결정한다는 것입니다. 심지어 불행하고, 고통스러운 삶마저도 전생에서 이번 생으로 올 때, 우리가 그렇게 살기로 결정했다는 것입니다. 다만 우리가 육신의 옷을 입고 이 세상에 태어나자마자 그 기억을 잃어버렸기 때문에 기억하지 못할 뿐, 모든 것이 나의 영혼의 계획이었습니다. 또한 이번 생에서 나와 가까이 만나는 사람들은 전생에서 이번 생을 통해 만나 서로를 돕자고 약속한 사이이며, 심지어 악연도, 전생에서 서로 돕겠다고 약속한 사이라고 했습니다. 책에서는 우리가 태어나기 전 세우는 계획은 삶의 시련도 세우지만, 언제 어디서 태어날지를 고르기도 하고, 다니게 될 학교, 내가 살 집, 만나게 되는 관계들도 모두 정하고 온다고 말합니다.

전생이나 환생 윤회, 그리고 영혼을 믿지 않는다면, 이 이야기가 허무맹랑하게 들릴 수도 있습니다. 하지만 아는 만큼, 경험한 만큼 보이기 때문에 제 이야기를 여러분께 강요하진 않겠습니다. 제가 마음을 치유하기 위해서 불경, 성경, 심리학, 양자물리학과 각종 영성 관련 책을 가리지 않고 읽으면서 알게 된 것은 인간의 존재는 김 아무개라는 육신이 전부가 아니라는 것이었습니다. 분명 우리 눈에 보이지 않는 것들, 그리고 내가 계획하지 않았던, 사건이나 사고, 우연한 만남, 행운과 불운들이 있었고, 이건 한 개인의 생각이나 강력한 의지와 관계없이 펼쳐지는 일들도 많았습니다.

아이를 원했든 원치 않았든 나를 세상에 존재하게 해준 부모도 아이를 낳고 보니 아이가 이런 자녀일 줄 몰랐고, 자녀를 부양하면서 겪게 되는 수만 가지의 계획하지 않은 일들, 그 일을 통한 다양한 경험들은 나의 부모 역시도 알 수 없었던 것이었습니다.

우리가 전생에서 이번 생을 결정할 때 우리의 영혼에겐 수많은 옵션이 있는데, 그중 하나는 내가 아닌 나를 경험하는 방식으로 계획을 세우게 됩니다. 그러니까 전생의 삶이 사랑이 많았던 삶의 영혼이라면, 사랑이 무엇인지 더 깊이 알고자 하는 마음으로 불화가 많은 가정에서 태어나기로 결정합니다. 매일 다투는 집안에서 불화를 보며 진짜 사랑의 의미와 가치를 깨우치고자 하는 것입니다. 물질의 몸을 가진 인간의 입장에서는 고통스러운 경험이지만, 영혼의 관점에서는 이 경험을 통해서 얻는 지혜는 영원함으로 이런 선택을 하는 것입니다.

영혼은 어떤 목적을 이루려고 시련을 계획하고, 그 계획의 주된 목적은 치유와 성장이라고 합니다. 인간이 지난 생에서 풀어내지 못했던 숙제를 이번 생에서 풀어내기 위해 시련을 계획하고, 이것을 통해 우리 자신의 진정한 모습을 발견하고, 내 영혼을 성장시키려는 목적이 있다고 말합니다. 영혼은 윤회를 통해 다양한 경험을 하지만, 그 경험들이 교과서에서 배운 이론 위주의 학습이었다면, 이 지구에서 육신을 통한 경험은 체험 학습과 같아서, 이 경험을 통해 앎은 더 깊어지게 된다고 말했습니다.

- 삶은 이토록 완벽했다

처음엔 이해하기 어려웠지만, 삶을 찬찬히 들여다보니 모든 것은 제가 기억하지 못하는 나의 영혼의 계획이었으며 이는 완벽한 것이었다는 것을 알게 되었습니다. 제가 태어난 집안 전체를 보면, 친가와 외가 모두는 사랑의 결핍과 생존의 두려움이 깊게 깔린 두 집안의 만남이었습니다. 엄마와 아빠는 자라면서 부모로부터 깊은 사랑을 느끼지 못했고, 나이 차이가 많이 나는 저와 동생을 기르는 경험을 통해 각기 다른 양육방식을 택했습니다. 그 결과 성향이 다른 두 자녀를 한 집안에서 만나게 한 것입니다.

제 주변 친척들의 삶도 돌아보면 사랑의 결핍과 생존에 두려움이 곳곳에서 드러나고 있었습니다. 이혼이나 각종 암 투병을 하신 어른들, 예상하지 못했던 사고로 돌아가신 분들, 집안의 재산 분할 싸움 등, 사랑이 결핍된 생존이 두렵다고 느꼈던 집안의 무의식은 늘 외부로 드러났습니다. 제가 태어난 집안은 대를 이어 사랑이 결핍된 무의식을 가지고 있었고, 저는 제 영혼이 원했던 진정한 사랑의 가치를 공부하기에 가장 좋은 환경에서 태어나게 된 것입니다. 동생과 저의 모습은 마치 빛과 그림자처럼 서로를 비추며, 어린 시절의 아이에게 부모가 어떻게 대해야 건강한 정신을 가지고 아이가 성장하게 되는지 보여주는 교과서 같은 좋은 샘플이 되었습니다.

이 경험을 하며 깨닫기 위해 저는 태어나자마자 사랑의 결핍과 생존의 위협을 느끼게 되었지만, 제가 정말 이 계획을 전생에 세웠다면 저는 진짜 사랑이 무엇인지 알기 위한 완벽한 조건의 가정환경에서 태어난 것입니다. 삶의 여러 스테이지를 통해 분명 내 영혼은 내 안의 사랑을 깨우라 여러 번 신호를 주었지만, 그때마다 영혼의 이야기에 귀 기울이지 않았던 저는 결국 성인이 된 후 식구들의 아픔과 물질을 많이 가져보는 경험을 통해 내 안에 사랑이 없음을 정확하게 깨우치게 되었습니다.

그리고 이렇게 집안 대대로 내려왔던 사랑의 결핍과 생존에 대한 두려움을 저 스스로가 이해하게 되면서 주변 모든 사람에게 진정한 사랑의 의미와 가치를 알려줄 수 있는 정도로 성장을 하게 되었습니다. 심리 상담을 받을 때마다 제 안에서 올라왔던 수많은 방어기제들은 제가 스스로를 치유할 수밖에 없는 기회를 만들어주고, 제 안의 우울함은 그 감정을 정점을 찍게 하여 시선을 외부가 아닌 내부로 돌려 나의 내면을 바라볼 수밖에 없는 환경을 만들어주었습니다.

또한 이 경험을 통해 내 주변에 있던 내가 너무나도 싫은 사람, 나를 힘들게 하는 모든 사람은 내가 전생에서 서로의 성장을 돕기 위해 세팅한 사람이라는 걸 가슴으로 느끼게 되었습니다. 제 삶에 나타난 시련은 결국 최고의 선물이 되었습니다. 결국 생을 통해 경험하는 모든 일은 좋은 일이었습니다.

내 생각이 이것은 나쁘고 이것은 운이 좋은 것이라고 분별할 뿐이었지, 결국 육신의 옷을 입은 인간이든, 보이지 않는 영혼의 존재이든 우리는 오감으로 느끼는 경험을 통해서만 이 배움을 완성할 수 있었습니다.

책에서 머리로 공부하거나, 타인이 한 경험을 듣는 것만으로는 알 수 없습니다. 아무리 스키 타는 법을 유튜브로 만 번 이상을 시청하며 머리로 지식을 습득한다 한들 내가 진짜 타봐야 그것이 무엇인지, 어떤 느낌인지 설명할 수 있는 것처럼 말입니다. 결국 삶은 경험한 만큼 더 잘 알게 되고, 그 경험은 최고의 스승으로부터 높은 수준의 수업을 받게 된 것과 같습니다. 물론 그 사건 안에 숨겨진 메시지를 알아야 앎은 비로소 완성됩니다.

저는 과거에 삶에서 안 좋은 일을 겪게 될 때 '왜 나에게만 이런 일이 일어났지?'라고 질문을 했다면, 지금은 '내가 전생에 이 계획을 왜 하게 되었을까?', '이 경험을 통해 영혼이 나에게 말하려고 하는 메시지는 무엇일까?'라고 질문을 바꾸게 되었습니다. '왜 나에게만 이런 재수 없는 일이 일어난 거야!'라고 생각하게 되면 사실 희망이 없습니다. 하지만 '이 경험을 통해 내가 얻을 수 있는 것은 무엇인가?'라고 바꿔 질문해 본다면, 힘들고, 때론 혼란스러운 상황에 있더라도 삶의 지혜와 문제 해결의 실마리를 스스로 해결할 수 있게 됩니다. 삶의 피해자로 사는 것과 삶의 해결사로 사는 것은 완전히 다른 수준의 삶이 되는 것입니다.

PART 2

힘 빼고
살아야
인생이 풀린다

01

힘들 땐 힘내지 않기

- 대충 살아야 인생이 풀린다

우리는 어린 시절부터 힘들면 더 열심히 살아야 한다고 배웠습니다. 내가 고통스럽고 힘들더라도 먼 미래의 그 언젠가 나타날 행복을 위해 지금 이 순간을 참아가며, 노력해야 한다고 배웠습니다. 엄마 아빠 세대도 그러했고 전쟁 통에서도 열심히 살았던 할머니, 할아버지가 그러했기에, 힘들면 쉬지 않고 노력해야 한다고 늘 배웠습니다. 힘들 때 힘들다고 말하는 것은 나약한 것이며, 그것은 창피하고 그릇된 행동이라고 미디어와 주변 사람들에게 배워왔습니다. 그래서 열심히 노력해서 어떤 것을 잘 이뤄왔으면 괜찮은데, 열심히 했지만 목표한 것은 더 엉망이 되고, 열심히 노력했던 것들이 결국 부질없는 일이 되기도 합니다. 최선을 다해 살아왔지만, 내가 얻고자 하는 것은 그곳에 없을 때도 있습니다. 그럼 어떻게 해야 할까요?

저는 가족들이 차례로 아프고 멘탈이 흔들리는 경험을 하며 힘을 낼 수 없는 상황을 겪으면서 제 안에 있던 우울함과 무기력함이 스멀스멀 얼굴을 드러냈습니다. 평생을 늘 진취적으로 밝고 힘차게 살아왔던 저에게 이런 감정들은 너무나도 낯설었고, 알 수 없는 블랙홀로 빨려 들어가는 느낌이었습니다. 어디가 시작인지도 끝인지도 모르는 그 불안함과 괴로움은 저를 정상적인 사고나 판단을 할 수 없도록 만들었습니다. 힘을 내서 일을 더 열심히하고, 가족의 생계를 책임지기 위해 최선을 다해 살았지만, 늘 제가 노력했던만큼의 결과는 외부로 나타나지 않았습니다. 오히려 악순환의 반복이었습니다. 마치 상처 난 곳에 상처를 만질수록 더 덧나는 것처럼, 제 안의 상처는 더커져서 외부로 표출되기 일쑤였습니다.

힘들면 어떻게 해야 한다고 한 번도 배우지 못했기 때문에, 정신적으로 너무 힘들고 해결해야 할 문제들의 답이 보이지 않는데, 하루하루 어떻게 살아가는 것이 맞는 것인지 몰랐습니다. 쉬고 싶어도 쉬는 것이 눈치 보이고, 쉰다는 것이 죄스럽게 느껴졌습니다. 하지만 누구보다도 쉬고 싶고, 조금 더 행복하게 살고 싶었습니다. 그런데 어떻게 해야 할지 몰랐습니다. 나를 채찍질하지 않고, 더 노력하지 않으면, 모든 것을 망치게 될까 봐 두려웠습니다. 그런데 우리가 살면서 어려운 일을 겪을 때, 힘이 들 때는 힘을 빼는 것이 맞습니다.

- 뭐든지 쉽게 해내는 기술, 힘 빼기

우리가 삶에서 힘들다고 느끼는 것은 내면에서 지금 내가 잘못된 길로 가고 있다고, 어떤 신호를 보내는 것과 같습니다. 보통 그런 경우에는 한때는 좋아서 했던 일이지만, 더 이상 흥미를 느끼지 못하게 되고, 계속 내가 변해야 한다는 내적 압박감을 받게 됩니다. 그로 인해 스트레스 지수는 상승하며, 아주 작은 일에도 짜증과 불만을 느끼게 됩니다. 또 설명할 수 없는 만성적인 두통이나 복통 등 외부로 통증이 나타나게 됩니다. 또한 지금 하는 일에서 어떤 재미와 기쁨도 느낄 수 없게 됩니다.

지금 여러분 중 내가 하는 일에서 이런 감정을 느끼게 된다면, 지금 하는 일을 조금 쉬면서 자신을 돌아보거나, 혹은 다른 일을 찾고 삶에서 변화를 도모하는 시점이 되었다고 내면에서 사인을 보내는 것입니다. 그래서 이런 신호를 받았는데도 지금 하는 일에서 변화를 찾지 못하고 있는 그대로 지속하게 된다면, 당연히 열심히 살수록 내 삶에 악영향만 끼치게 되는 것입니다.

김연아 선수가 아이스 링크에서 트리플 악셀을 보이는 그 순간에는 자신을 온전히 내려놓고, 온몸에 힘이 완벽하게 빠진 상태에서 마치 영혼과 하나가

된 모습으로 그 순간을 즐기며 자신의 무대를 완성시킵니다. 모든 운동의 최상위 기술은 긴장된 근육을 푸는 힘 빼기입니다. 수영도, 골프도, 발레도 운동이 아닌 피아노나 기타 같은 악기 연주도 모두 힘을 빼야 우리는 내 안에 잠재된 본능이 이끄는 최상의 결과를 이끌어 낼 수 있습니다. 우리나라의 내로라하는 각종 노래 경연에서 가장 최종 라운드에서 우승하는 출연자들의 특징은 그 순간 우승을 해야겠다는 압박감, 잘해야 한다는 부담감 등 자신의 모든 것을 내려두고 무대를 펼칩니다. JTBC에서 방영된 〈싱어게인〉에서 63호 이무진 출연자는 초반 경연에서 떨어질까 봐 너무 두렵지만 최선을 다하겠다, 결과가 좋지 않다면 있는 그대로 받아들이고 더 노력하겠다는 말을 합니다. 그리고 경연이 진행될수록 누군가를 이기겠다는 생각보단 나 자신이 즐길 수 있도록 경연이 아닌 공연을 펼치겠다는 이야길 합니다. 지금 이 순간에 몰입하며 온몸에 힘을 뺀 채, 자신의 스토리와 영혼을 목소리에 담아 부릅니다.

특히 중간에 탈락의 고배를 맞보고 패자부활전이나 슈퍼패스 등의 찬스를 통해 다시 경연에 복귀하는 과정을 보면 그 과정에서 자신이 가진 기존의 고정관념이나 습관들을 다 버리고 무대에 오릅니다. 이전과는 전혀 다른 모습을 보여주며 심사위원을 놀라게 합니다. 참가자 역시도 자신도 모르는 자신의 다른 면을 발견하고, 무대에서 새로운 매력 발산을 하게 됩니다. 그 다른 매력은 원래부터 그 옷이 자신의 옷이었던 것처럼, 무대와 하나 되는 모습일 때가 많습니다. 승부에 목숨을 걸며 도전하는 참가자는 경연 레이스에 오래 머무르지 못하게 됩니다.

- 내 안의 다이아몬드 발견하기

여기에 해답이 있습니다. 우리 안에는 나도 몰랐던 숨겨진 나의 보석이 있을 수 있습니다. 그것은 아직 다듬어지지 않은 다이아몬드 원석처럼 내 안에 숨어져 있고, 지금까지의 삶의 경험과 맞물리면서 어느 순간에 내 안에서 자연스럽게 폭발하는 힘이 분명히 있습니다. 그것은 애쓰지 않아도 됩니다. 애초에 내 안에 있었고, 발굴되지 않았기에 그냥 그것을 발굴해 쓰는 것입니다. 그런데 우리가 살아가면서 배우고 느끼고 경험한 것을 통해서 우리는 자신을 늘 한계에 놓습니다. 그렇게 해서는 안 된다고, 그렇게 도전하는 것은 위험한 일이며, 아무도 날 돕지 않을 것이라 생각합니다. 그래서 도전하기가 두렵고, 지금 이 순간에 우리는 머무르는 것이 더 안전하다고 판단합니다.

하지만 실제는 그렇지 않습니다. 내가 변화를 해야 하는 순간에 내가 변화하지 않으면, 나는 지금 이 자리에 그대로 머무르는 것이 아니라 추락을 경험하게 됩니다. 삶에 나타난 모든 것들은 불행도 행복도 어느 고정불변한 것이 없습니다. 하루하루 살아가는 날 중에 단 한 순간도 같았던 날이 없었던 것처럼, 우리 삶은 매 순간 다른 형태로 변화하게 됩니다.

우리가 힘들다고 느끼고 어려운 일에 봉착하게 되었다면, 그것은 분명히 지금 하는 일에 어떤 문제가 있고, 해답을 찾아보라는 내면의 신호일 수 있습니다. 그런 신호를 내 삶에서 발견하게 된다면, 죽도록 열심히 해서 지금 상황을 돌파하려고 노력하는 것이 아니라 마치 아름다운 풍경을 보는 것처럼, 남의 일을 보는 것처럼 내 일을 관망해 보는 것입니다. 멀리서 지금 내 삶이 어떻게 펼쳐졌는지 TV 속 스타의 삶을 보는 것처럼, 남의 일처럼 내 삶을 되돌아보는 것입니다. 나무를 보면 문제가 안 보이지만 숲을 보면 답이 보이게 됩니다. 내 삶 전체를 타인의 문제처럼 객관화하고, 이것이 내 친구의 문제라면 나는 어떤 조언을 했을지 상상해보는 것입니다. 왜 내가 힘들다고 느끼는지, 힘들지 않게, 즐겁게 살아가려면 어떻게 해야 하는지 고민을 해보는 것입니다.

마음에 즐거움 없이 괴로움과 강력한 의지만을 가지곤 인생을 살아간다면, 액셀과 브레이크를 동시에 누르는 격입니다. 앞으로 나갈 수가 없습니다. 내 마음에 브레이크가 되는 그 괴로움의 원인을 찾고, 어떻게 해야 그 브레이크를 뗄 수 있는지 어떤 일이 나의 성장에 동력이 되는 액셀이 되는지 알아야 합니다. 그러기 위해서는 힘이 든다면 조금 쉬어가면 됩니다. 지금 당장 모든 일을 포기하고 직장을 그만두라는 이야기가 아닙니다. 지금 이 순간 더 잘해야 한다. 더 발전해야 한다, 그렇지 않으면 큰일난다는 그 두려움에 기반한 그 마음을 내려놓으라는 것입니다. 그 마음이 브레이크인 것입니다.

우리가 힘들 땐 힘을 내며 감정에 저항하는 게 아니라 몸에서 느껴지는 긴장감, 두려움, 공포 등을 내려놔야 합니다. 나의 올바른 선택을 가로막는 감정과 생각들을 내려둘 때에 우리는 더 명확한 판단과 선택을 할 수 있습니다. 내가 내 안에 두려움을 붙잡고 있다고 해서 일이 더 잘 해결되는 것도 아니고, 두려움을 내려놓는다고 해서 내가 그 일을 포기하는 것도 아닙니다. 그저 그 잡다한 생각과 감정만 내려놓는 것입니다. 힘들 땐 힘낼 에너지가 없으니 당연히 힘을 낼 수가 없습니다. 힘이 든다면 왜 힘이 빠지는지 에너지 손실의 원인을 찾고 빠져나가는 에너지를 채우는 것이 먼저입니다. 이 상황에서 열심히 한다는 건 없는 에너지를 끌어다 쓰게 되는 것입니다. 당연히 그렇게 살다 보면 삶이 방전됩니다.

마음을 다스리지 않고 의지로만 해낼 수 있는 일은 오래가지 못합니다. 일순간엔 성공인 것처럼 보이는 일들도 의지로만 발현한 일들은 한순간에 꺾이게 됩니다. 나의 내면에 깊숙이 잠재된 마음들은 언제나 다시 불쑥 튀어오르기 마련이며, 결정적 순간에 나타나 나의 의지를 꺾기 때문입니다. 더 나은 삶을 위해서는 마음에 탄성을 길러야 합니다. 내 안에 두려운 마음을 내려두고, 어떤 형태로도 변형이 가능한 찰흙처럼 나의 뇌를 말랑말랑하게 해서 생각의 한계를 지우고, 내가 더 큰 세상으로 나아갈 수 있도록 스스로에게 믿음과 용기를 실어주는 것이 중요합니다. 그 시작이 힘들 땐 일단 마음을 쉬는 것입니다. 끝도 없이 푸른 바다가 펼쳐진 해변의 선베드에 누워서 풍경을 관망하듯 지금 삶을 지켜보는 것입니다. 다시 강조하지만 포기하라는 말이 아닙니다.

삶의 문제 속에 빠져들어가 허우적거리는 게 아니라 두려운 마음을 내려두고, 지금 어떤 판단을 내리는 것이 가장 현명한 건지, 지금 이 문제가 내 일이 아니라 나의 가장 친구의 일이라면 나는 어떤 조언을 해줄지, 제3자의 눈으로 나의 문제를 보라는 이야기입니다. 지금 하는 일과는 전혀 다른 취미 생활을 가져보면서 낯선 무리에서 새로운 경험과 새로운 정보를 얻는 활동을 하고, 여행을 떠나서 새로운 경험을 하고, 이마저도 상황이 어려우면, 각종 다큐멘터리와 책을 통해 외부에서 얻지 못하는 정보를 콘텐츠로 경험해보는 것입니다.

지금 하는 일을 살짝 벗어나 지금과는 다른 새로운 환경에 나를 집어넣어서 나의 재능과 새로운 면모를 발견하다 보면, 의외로 지금 하는 일이 나에게 맞는다는 결론을 내릴 수도 있고, 혹은 나도 몰랐던 나의 새로운 면모를 발견해 삶의 새로운 기회를 맞이할 수도 있습니다.

그래서 지금 이 순간 힘들다면, 힘을 내지 말고 힘을 빼세요. 힘을 뺀 채로, 마치 한적한 강가에서 요트를 타는 기분으로 유유자적 지금의 삶을 둘러보는 것입니다. 그렇게 나의 욕심과 두려움을 내려두고 내 삶을 관망하다 보면 내 안에 숨겨둔 보석을 발견하게 됩니다.

02

내 인생을 망치는 욕망

- 욕망을 내려놔야 비로소 얻을 수 있다

우리가 살아가면서 TV에서 피자 광고를 하면 잘 늘어나는 피자를 먹고 싶다는 욕구, 친구가 신상 핸드백을 자랑하면 나도 저 아름다운 백을 소유하고 싶다는 욕망, 더 좋은 집과 화려한 커리어를 욕망합니다. 그리고 이 욕망의 특징은 밑 빠진 독에 물 붓기처럼, 아무리 채워도 채워지지 않는다는 것이 특징입니다.

고등학교 때는 대학을 입학하면 바랄 게 없을 것 같았는데, 취업을 걱정하고 취업을 하면 바랄 게 없었을 것 같았는데, 결혼을 고민하고 결혼을 하면 이제 인생의 숙제는 끝날 줄 알았는데, 임신과 출산을 고민하고, 아이를 갖고 나면 아이의 대입을, 아이가 대학에 들어가면 취업을 바라게 됩니다. 삶이 도돌이표도 아닌데, 내 삶을 아이에게 그대로 물려줘가며 같은 삶을 반복하게 합니다.

우리가 삶에서 욕망이라고 하면 식욕, 성욕, 물질에 대한 욕구 같은 것을 떠올리게 됩니다. 지금 내 삶에 없는 무언가를 얻고자 갈망하는 마음입니다. 돈과 권력에 대한 탐욕, 물질, 타인에게 인정받고자 하는 그런 마음을 욕망의 예로 들 수 있습니다. 그런데 이 욕망은 기본적으로 나에게 무엇이 없다, 부족하다는 결핍된 마음을 만들어냅니다. 평소에는 생각도 하지 않았던 제품인데 친구가 구매한 신상 가방을 보고, 우리는 마음이 설레기 시작하고 저걸 가지면 나의 가치가 올라갈 것만 같다는 착각을 하게 됩니다.

평소에는 별생각도 없고 아무렇지도 않다가 나에게 무언가가 부족하고, 없다고 느끼는 순간부터 그것을 갈망하는 마음이 일어나기 시작합니다. 이전에는 그것이 없어도 충분히 아무 문제 없이 살았습니다. 그런데 외부의 어떤 자극에 의해서 나에게 없는 무언가를 발견하는 순간, 그것이 없는 나의 상태가 바로 결핍이 되어버립니다. 물론 디자인도 괜찮고, 회사 다닐 때 쓸 만하겠네, 라는 마음에서 멈추면 욕망이 일어나진 않습니다. 하지만 그것이 내게 가져다줄 정신적 또는 육체적 쾌락을 떠올리면서 그걸 당장 누릴 수 없다는 결핍감을 느끼면 바로 그 찰나의 순간에 이것이 내 삶에 있어야 하는 타당한 이유가 생겨 버립니다. 그러면서 내 안에 결핍을 동반한 욕망이 일어나기 시작합니다.

- 욕망을 모르고 성공할 수 없다 : 삶을 방해하는 3가지 욕망

욕망의 특징은 크게 3가지로 나타나는데, 우리 삶에 나타나는 대부분의 욕망은 이 세 가지 욕망에 의해서 일어나게 됩니다.

첫째, 어떤 상황이나 사물, 어떤 사람을 내가 원하는 대로 '통제'하려는 욕망. 둘째, 나라는 존재 가치를 '인정'받고자 하는 욕망입니다. 마지막으로 내 몸이 살아남도록 하는 '안전'에 대한 욕망입니다.

지금 내 삶이 고통스럽고 힘들다면, 지금 내 삶에 나타난 문제가 어떤 감정의 욕망에 기반을 두어 일어나는지 알아봐야 합니다. 하지만 욕망이 어떻게 일어난 것인지 분명하게 인식되는 것이 아니라 우리가 느끼는 감정은 막연한 힘듦, 고통 등의 감정으로 느껴지기 때문에 우리가 알아차리기가 힘듭니다. 이 세 가지 욕망들이 어떤 감정을 주로 일으키고 어떤 상황에서 그런 감정들이 나타나는지 파악하게 된다면, 우리는 내 삶에 나타난 근본적인 원인을 더 쉽고 빠르게 찾아낼 수 있습니다.

1) 통제하려는 욕망

내가 통제하려는 마음이 들 때는 지금 상황이 내가 원하는 대로 충분히 통제되지 않다고 느낄 때 일어나는 감각입니다. 내가 원하는 대로 돌아가지 않기 때문에 그것을 바꾸고 싶어 하고, 조정하고, 또 그걸 올바르게 하려는 그런 마음이 있어요. 하지만 그런 마음은 '오, 이거 상황이 좋지 않네, 그럼 이렇게 하는 게 좋을 텐데……'라는 생각에서 멈추지 않고, 지금 이 상황만 아니었더라면 내가 누렸을 혜택, 또는 내가 원래 원했던 상황이 가져다줄 쾌락이 지금 이 순간에는 없다는 결핍을 느끼게 되면서 일어나는 마음입니다. 우리가 삶에서 그런 결핍을 느낄 때 내가 통제하려고 들기 시작합니다.

문제는 내가 원하는 것들을 지금 충족시킬 수 없다는 이 통제하려는 욕망의 결핍이 수많은 감정을 일으키게 됩니다. 답답하고 초조하고 내 뜻대로 되지 않기 때문에 굉장히 화가 나기도 합니다. 이 감정은 애초에 결핍감을 느끼지 않았다면 일어나지도 않았을 마음인데, 우리는 내 안에 결핍을 자극하기로 선택했기 때문에 이 마음에 휘둘리게 됩니다. 그래서 이 욕망을 놓아버려야 합니다. 욕망을 놓아버린다는 것은 포기한다는 것이 아니라, 결핍된 마음을 놓아버린다는 것과 같은 말입니다.

남자친구가 바빠서 연락을 자주 못 하는 상황이 되었습니다. 나는 남자친구에게 연락을 자주 받아야 사랑을 받는다는 생각을 가지고 있고 남자친구의 연락을 통제하려는 마음이 일어나게 되면, 남자친구의 메시지 하나하나에 의미 부여를 하게 되고, 연락의 텀이 조금이라도 길어지거나 뜸해지면 나는 상황을 통제하려고 하기 시작합니다. 남자친구에게 맘에도 없는 화를 내거나, 똑같이 연락을 뜸하게 하는 등으로 나의 결핍된 감정을 드러내게 됩니다. 더 나아가 이렇게 연락을 하는 것은 나를 사랑하지 않는 것이라며, 연락 자주 안 할 거면 헤어지자고 선전포고를 날리기도 합니다. 상황은 그저 남자친구가 바빠서 연락을 잘 못했고, 여자친구를 세심하게 잘 챙기지 못했던 것입니다. 그런데 나는 결핍된 욕망을 뭉치고 뭉쳐서 폭탄을 만들어 터트리게 됩니다. 섭섭한 마음을 그냥 내려두고 '그럴 수도 있지.'라고 이해를 하고, 남자친구가 조금 한가해질 때까지 기다린다면 별일이 없었을 것을 나의 통제하려는 욕망이 일을 그르치곤 합니다.

내가 원하는 대로 되기를 갈망하는 마음, 그것이 부족하다는 마음, 그걸 놓아버리는 것입니다. 우리가 통제하려는 욕망을 놓아버리고, 감정에 결핍감이나 부족함을 느끼지 않는다면, 감정에 휩싸이지 않고 훨씬 객관적으로 상황을 보면서 나에게 더 올바른 판단을 내릴 수 있게 됩니다. 또 결핍을 느끼지 않기 때문에 지금 내 상황을 온전히 이해하고 받아들일 수 있게 되면서, 저항감이나 스트레스 없이 초연하게 내 일을 하게 됩니다. 그래서 전체적인 상황이 더 잘 통제되고 있다는 느낌도 생기게 됩니다.

2) 인정받고 싶은 욕망

우리가 삶에서 내가 한 행동에 비해 충분하게 인정받지 못하다고 느낄 때 우리는 타인으로부터 인정을 갈구하게 됩니다. 타인이 나라는 존재를 가치 있게 여기기 위해서 사람들의 관심을 끌거나 누군가의 험담을 하고, 또는 나의 화려했던 과거사를 과시하기도 합니다. SNS에 나의 일상을 올려 '좋아요'를 받고 댓글을 받으면서 존재 가치를 인정받으려고 하고, 봉사 활동이나 기부를 하고 그걸 세상에 알리면서 나의 가치를 과시하기도 합니다. 가족이나 연인에게 사랑이라는 이유로 나를 가치 있게 여긴다는 것을 확인함으로써 직간접적으로 인정에 대한 욕망을 충족시키려고 합니다. 물론 타인에게 나의 가치를 인정받았을 때 기분이 좋아지는 것은 매우 자연스럽고 나쁠 이유가 없습니다.

문제는 나의 가치가 충분히 인정받지 못하고 있다고 느낄 때입니다. 그럴 때 우리는 타인의 반응을 신경 쓰기 시작하고, 상대가 혹시라도 내가 가치가 없다고 느낄까 봐 두려워하게 됩니다. 반대로 상대가 나를 무시했을 때, 실제로 언쟁을 벌여서 나를 얕보지 않게 하려는 마음이 일어납니다.

그러니까 나의 가치가 떨어지지 않도록 자기방어를 시작합니다. 하지만 사랑하는 사람과 이별을 맞이하거나, 사랑하는 존재의 부재로 맞이하는 욕망이 충족되지 않는 상황, 누군가 나의 의견에 동의하지 않거나 더 나아가 내가 하는 일에 대해서 지지해 주지도 않고 오히려 반대하는 상황을 맞이하게 되면 우리는 극한의 슬픔과 외로움의 감정을 느끼게 됩니다. 또 상대방이 나를 비난할 땐 주눅이 들고 자존감도 낮아집니다.

우리가 타인의 눈치를 보고 누군가의 반응을 보면서 살아가게 되면 우리는 내 삶을 통제하는 결정권이 하나도 없다고 생각하게 되어 삶이 무기력해집니다. 나의 행동과 상관없이 외부의 반응이 나를 만든다고 생각하기 때문입니다. 그렇게 누군가의 눈치를 보며 행동을 하게 되면, 당연히 나의 행동은 부자연스러워지고, 어느 순간 나다움이 사라져가게 됩니다. 우리는 항상 외부의 것들에 기준을 두고 맞추어 생각하기 때문에, 나 스스로가 만족하지 못한 외모를 가졌기 때문에 사람들에게 사랑받지 못한다 생각하고, 내가 돈이 없기에 인정받지 못한다고 생각합니다. 하지만, 누구에게나 만족할만한 외모로 성형을 하거나 다이어트에 성공해도, 성형 직후의 반짝이는 관심은 금방 사그라듭니다. 오히려 과거의 개성 있는 외모에 비해서 인정받지 못하고 결국 자신의 직업을 잃기도 합니다. 개성 있는 외모, 남들보다 통통한 몸매가 경쟁력이었다는 사실을 잊고, 타인의 기준에 나를 맞추다 보니 결국 가진 것도 잃게 되는 형국입니다.

통제하려는 욕망과 마찬가지로 나의 가치가 타인에게 인정받지 못하고 있다는 건, 정신적 결핍을 느끼지 않았다면 일어나지도 않았을 마음입니다. 그러니까 타인의 평가가 나의 감정에 아무런 영향을 미치지 않았다면, 생기지도 않았을 감정입니다. 우리가 부족하다고 느끼고, 그것을 외부에서 타인으로부터 채우려고 하는 마음, 즉 인정받고자 하는 욕망을 내려놓는다면 우리는 더이상 이런 결핍된 마음에 휘둘리지 않게 됩니다. 타인의 말에 상처받지 않게 될 것이고, 자신감이나 자존감도 자연스럽게 올라갑니다. 나의 가치가 타인의 인정으로부터 나오지 않고, 나의 내면으로부터 나온다는 것을 알게 된다면, 타인의 부재로 외로움, 슬픔, 고통, 속상함, 낮은 자존감이 주는 고통에서도 벗어나게 됩니다.

3) 안전에 대한 욕망

안전에 대한 욕망이 결핍될 때는 주로 공포라는 감정이 일어나게 됩니다. 직접적이든 간접적이든 내 몸이 살아남기를 바라는 욕망의 결핍이 그런 감정을 일으킵니다. 예를 들면 우리는 뉴스에서 여러 가지 사건 사고를 접하게 됩니다. 뉴스뿐만 아니라 각종 소셜미디어를 통해 지인이 교통사고를 당한 소식, 친구의 개가 잃어버렸다는 소식, 실제 알지도 못하는 유튜버의 암 투병 소식을 접할 수 있습니다.

우리는 그런 소식들을 듣고 아무런 감정이 일어나지 않으면 괜찮은데, 무의식중에 '내가 저런 상황에 있다면 나는 어땠을까?'라고 상상하게 됩니다. 상상 속에 내가 위험할 수 있다는 생각을 하면서 안전하려는 욕망의 결핍이 일어납니다. 실제 나는 아직 암이 걸리지도 않았고, 교통사고가 나지도 않았으며 사랑하는 나의 강아지는 나의 옆에 그대로 있는데, 일어나지 않은 일을 걱정하며 우리는 두려움을 만들어내고, 언제 일어날지 모를 재난을 생각하며 불안해합니다. 여러분이 생명보험 같은 각종 미래를 담보로 하는 보험에 집착이 있다면 어쩌면 여러분은 안전에 대한 두려움과 공포를 많이 느끼고 있다는 증거가 될 수도 있습니다.

물론 이 안전에 대한 두려움 역시 결핍을 느끼지 않는다면, 일어나지 않았을 반응입니다. 똑같은 뉴스와 소셜미디어를 보고도 댓글 반응이 제각각이듯 결핍을 느끼는 사람과 결핍을 느끼지 않는 사람에 따라서 이 욕망은 다르게 표현됩니다. 우리가 이 안전에 대한 욕망을 놓아준다면, 그러니까 그 욕망 자체에 결핍을 느끼지 않는다면, 우리는 더욱더 안전하다고 느끼고 편안함을 느낄 수 있게 됩니다.

우리가 살면서 느끼는 욕망의 감정은 대부분 그것이 없다는 결핍의 느낌에서 나오게 됩니다. 그 결핍은 누구나 없다고 느끼는 일반적인 감정이 아니라 내가 살면서 경험한 일들을 바탕으로 상대적으로 비교하며 만들어낸 허상의 감정입니다. 누군가는 결핍이 있고 그 결핍 때문에 불편하다고 느끼지만 누군가는 그 결핍 자체를 인지하지 못하는 경우도 많습니다. 욕구가 내 삶을 지키는 것이 아니라 욕구가 내 삶을 해친다는 사실을 명확하게 인지하게 되면, 나는 그 감정을 훨씬 쉽게 놓아줄 수 있습니다. 나를 통제하려는 욕구, 타인으로부터 인정받으려는 욕구, 외부의 세상에서 안전하게 나를 지키려는 욕구만 놓아버려도 삶은 훨씬 순탄하게 흘러갑니다.

03

성공의 치트키, 열정

- 노력할수록 인생이 안 풀렸다면 이것 때문!

우리는 우리 삶에 나타난 모든 것들을 통제하길 좋아합니다. 통제가 되지 않으면 불안하기에, 통제되었을 때 비로소 안전하다고 느끼게 됩니다. 배차 시간을 확인하고 몇 분 뒤 버스가 오는지, 내일 날씨를 확인하고 비 소식을 확인하고 우산을 들었을 때 비로소 내 삶이 안락하다고 느끼게 됩니다.

하지만 삶의 어떤 것들은 통제가 가능한 것처럼 보이지만, 사실 우리의 삶 대부분의 것들이 예측 불허입니다. 기상청에서 예보하지만 우리 삶에는 예측하지 못했던 날씨를 맞이하게 됩니다. 경제를 전망하고, 부동산 시장을 분석하고, 트렌드를 분석하지만, 어디서든지 언제나 변종이 나타나고 예측 불가한 상황을 만나게 됩니다.

사실 내 삶을 완벽하게 통제하고 싶다는 욕망은 내일 해가 뜨지 않게 할 것이라고 다짐하는 것과 다르지 않습니다. 뜨는 해를 막을 수 없고, 가는 계절을 붙잡을 수 없습니다. 하물며 내가 하품을 하고, 배변 활동을 하는 활동들도 내가 통제할 수 있는 영역이 아닙니다. 눈 뜨면 자라는 수염과 머리카락을 막을 수 없고, 나이 먹는 것을 내가 통제할 수 없습니다. 내 바람을 실현시키고자 온갖 계획을 짜고 최선을 다해 노력했지만, 정작 온 마음을 다해 바랬던 일들에서는 쓴 고배를 마시게 됩니다. 세상은 풍요와 가난, 여름과 겨울, 시작과 끝, 수축과 이완, 성공과 실패 등과 같은 양극이 존재하고 있습니다. 우리의 마음도 그런 양극성의 에너지가 있습니다. 내가 원하는 대로 통제하려는 마음이 생기면 반드시 그 반대의 마음이 존재하게 됩니다.

처음엔 성공인 것처럼 보이는 것들이 늘 어느 순간엔 원래의 상태로 다시 돌아오거나, 이전보다도 더 못한 상황을 만들어내곤 합니다. 우리는 언제나 실패를 경험하고 나면 다시 다짐합니다. 그때 나는 의지가 부족했고 이제는 더 강력한 의지로 하겠다고 결심합니다. 결심을 단단히 했다면 다른 생각이 안 나야 맞는데, 마음속엔 자꾸 딴생각이 납니다. 5분만 더 자고 싶은 욕망, 치킨 한쪽만 먹고 싶다는 욕망, 10분만 넷플릭스를 보고 싶다는 욕망은 나를 흔들어 놓습니다. 세상에서 가장 강력한 의지를 발휘해서 나의 이 욕망을 누르려고 하지만, 내가 애를 쓰는 만큼 반대의 마음도 올라오기 때문에 마음에 계속 저항이 일어나게 됩니다. 의지를 불태울수록 불난 집에 부채질하는 것과 같습니다.

- 열정은 의지와 노력의 영역이 아니에요

지금 내 삶에 나타난 문제, 혹은 슬럼프를 극복하고 지금 상황을 변화시키려면 통제하려는 그 마음을 놓아 버려야 합니다. 내가 원하는 대로 살고 싶어서 방법을 찾는 건데, 그 마음을 놓아버리면 삶을 포기하라는 말인가요? 라고 생각하실 수 있습니다. 수많은 자기계발서에서는 이렇게 이야기합니다. 힘을 내고 의지를 불태우고 한계를 넘어 JUST DO IT! 그냥 도전하라고 말합니다. 내가 원하는 걸 강력하게 상상하고 그것을 끌어당기라는 말 한 번씩 들어보셨죠?

그런데 그게 생각처럼 잘 되던가요? 안되셨다면 이런 이유입니다. 하지만 내 안에 깊숙하게 자리잡은 불안하고 괴롭고 힘든 마음을 내 목표와 욕망으로 눌러 버리면, 모든 일은 내가 바라는 반대로 이뤄지게 됩니다. 머피의 법칙처럼 말이죠. 지금 나는 두렵고 고통스럽고 힘든 마음이 있는데 그걸 내 의지로 결코 덮을 수 없습니다. 남은 속일 수 있지만 나는 나를 속이지 못합니다. 욕망을 눌러버리고 긍정으로 덮는다고 긍정이 되는 것이 아닙니다.

지금 여러분이 당장 생활비가 없어 돈을 벌어야 한다고 가정해 봅시다. 지금 욕망은 여러분께 이렇게 이야기합니다 '돈이 없어 돈을 벌어야 해'라는 결핍의 마음을 자극합니다. 빨리 돈을 벌어야 지금 금전적 결핍을 해결할 수 있다고 갈망하게 만듭니다. 이 갈망하는 마음은 나의 마음을 더 불안하게 하는 촉매 역할을 하게 합니다. 나의 결핍된 마음, 그것을 얻기 위해 더 노력해야 한다고 통제하려는 마음을 놓아주더라도 여러분은 그대로 해야 할 일을 할 수 있습니다. 불안한 마음을 일으키는 그 생각이 내가 앞으로 더 나아가게 하고, 의지를 발현시켜 무언가를 하게 하는 원동력이 되는 것이 아니라, 내가 없다고 생각하는 그 결핍된 마음에서 출발한 욕망은 나의 심리 상태를 불안하게 만들어 오히려 내 의지마저 꺾는 역할을 하게 됩니다.

'내가 지금 꼭 돈을 벌어야 해! 그렇지 않으면 안 돼!'라는 마음을 내려놓아도, 나는 돈을 벌 수 있습니다. 돈을 벌어야 한다는 나의 의지는 그대로이니까요. 여러분이 삶에서 별일이 아니라고 생각하는 편의점에 가서 삼각김밥 먹기 같은 일들은 대단한 의지와 다짐을 발현해서 하는 일이 아닙니다. 나의 의지가 그대로이면, 언제든지 나는 쉽게 편의점에 가서 삼각김밥을 사 먹을 수 있습니다. 또 '삼각김밥을 못 먹으면 죽어. 꼭 먹어야 해!' 이런 마음이 없어도 삼각김밥을 사 먹고, 설령 못 먹는다 할지라도 내 인생에 큰일이 아닌 것과 같습니다.

욕망과는 별개로 그 일을 하려는 자연스러운 의지가 내게 있습니다. 내 삶에 일어나는 모든 사건을 통제하려는 욕망을 내려두면 그 욕망이 빠져나간 자리에 자연스러운 내 본연의 힘이 생기게 됩니다. 그 힘이 열정입니다. 내 안에 순수한 열정으로 만들어낸 에너지는 끊임없이 나를 즐겁고, 행복하게 만드는 힘이 생기게 하며, 그것은 삶에 대한 다양한 호기심과 궁금증을 유발시키며 나를 지속적으로 움직이게 하는 원동력이 됩니다. 나를 혹사해가며 의지를 불태우지 않아도 말입니다.

지금 즐겁게 하는 모든 일을 떠올려보세요. 내가 좋아하는 게임을 할 때 그 게임을 하면서 스테이지마다 레벨 업을 하면서 느끼는 쾌감과 어떻게 하면 이 스테이지를 깰까 고민하면서 하는 모든 노력들은 자연스럽습니다. 내가 좋아하는 드라마, 만화를 보면서 내가 힘들게 노력하면서 보지 않습니다. 순수한 호기심과 즐거움으로 나는 그것을 합니다.

내 영혼이 즐겁고, 만족하는 행복한 일을 우리는 하면서 살아가길 원합니다. 그리고 세상도 내가 그렇게 살아가길 원합니다. TV 속 스타들이 기존의 자신의 이미지를 깨고 새로운 모습을 보이면서 진정한 나를 발견하고 노래를 부를 때, 스포츠 스타들이 힘든 재활 과정을 거쳐 비로소 자신만의 기량을 온전히 펼쳐낼 때, 우리는 자신의 일처럼 그들의 성공과 승리를 축복하게 됩니다.

이 감정을 이해하지 못하는 사람들 눈에는 그들의 노력이 고통스럽게 느껴질 수 있지만 내 본연의 힘을 발현해서 하는 노력들은 나를 힘들게 하지 않습니다. 육체나 정신적으로 어려움이 있을 수 있지만 그들의 마음속에는 이 과정 속에서 성공과 실패를 통해 배움을 얻는다 생각하기에 결과에 상관없이 끊임없이 앞으로 나아갈 수 있는 것입니다. 그래서 우연히 취미로 시작했던 사업이, 심심해서 운영했던 유튜브 채널이, 우연히 친구 따라서 간 오디션에서 생각지도 못했던 성과를 내는 것입니다. 기대하지 않고 바라지도 않으면서 순수한 즐거움과 열정으로 그것을 했기 때문입니다.

지금 욕망과 의지를 발현해 무언가를 열심히 하고 있다면, 사실 그것은 내가 진정으로 원하는 일이 아닐 수 있습니다. 하지만 내가 순수한 호기심과 즐거움으로 열정을 발휘해서 무엇을 하고, 지금 그것이 당장 돈이 되지 않더라도, 내 마음을 즐겁게 한다면, 그것은 나에게 행복과 기쁨을 가져다 주고, 그 감정은 내가 더 열심히 살게 하는 원동력이 되어 삶에서 선순환 고리를 만들게 됩니다. 이 선순환의 에너지가 완성되면 삶은 내가 먹고 살 걱정 안 해도 자연스럽게 그렇게 흘러가게 됩니다. 그러니 지금 삶에서 내가 하는 일들이 욕망과 의지를 발현해서 하는 일인지, 즐거움과 열정을 가지고 하는 일인지 확인해보세요. 거기에 답이 있습니다.

파도가 칠 때는 서핑을

- 마음에 박힌 결핍이란 가시

『파도가 칠 때는 서핑을』이라는 제목은 의류 브랜드 파타고니아 창립자 이본 취나드의 저서입니다. 그는 직원들에게 일이 안 풀리면 사무실에서 나가 서핑을 타라고 권유하며, 환경 보호를 위해 자신들의 옷을 사지 말라는 광고를 전개하는 독특한 경영 방식으로 브랜드를 키워 나갔습니다.

게다가 자신의 기업 윤리와 맞지 않는 기업들에겐 자신들의 옷을 판매하지 않겠다고 발표를 했습니다. 그럼에도 불구하고 기업은 매해 승승장구하며 더 많은 팬층을 모아가며 성장하고 있습니다.

우리는 많은 미디어를 통해 나에게 없는 것을 욕망해야 그것을 쟁취할 수 있다고 배웠습니다. 내가 배가 고파야 원하는 것을 얻는다고, 타인의 사랑과 이해를 얻어야 내가 더 나은 삶을 살 수 있다고 배웠습니다. 그래서 타인과 비교해 내가 부족하다고 느끼는 물질적, 정서적 결핍된 감정이 일어나기 시작하면 우리는 그것을 채우고 싶어 하는 결핍감을 느끼기 시작합니다. 또한 나의 아픈 상처가 타인에 의해 건드려지기라도 하면 우리는 더 크게 저항하며 내 삶을 통제하려고 합니다. 누군가가 나의 실수에 대해서 비판하고 나의 치부를 들어내면 우리는 나 자신의 존재 가치가 낮아지고, 이렇게 낮아진 나의 가치는 생존에 유리하지 못하다는 생각을 하게 되므로 나를 더 보호하고 통제하려고 합니다. 손가락에 가시가 박혔는데, 상처가 생길까 두려워서 넓은 붕대로 가시를 감싸서 나를 보호합니다.

여기 클레어와 미셸 두 사람이 있습니다. 클레어는 나 스스로가 자존감이 높고 스스로 매력적으로 생각하는 사람입니다. 이 여성이 소개팅에 나갔는데, 소개팅 상대가 나를 맘에 들어하지 않는다면, 사실 우리는 서로 인연이 아니거나, 각자 생각하는 이상형이 다른가보다고 생각합니다. 그리고 미셸, 그녀는 자존감도 낮고, 소개팅에 자신감이 없는 상태로 나가서 상대가 나를 거절하게 되면, 괜히 주눅이 들고 스스로를 책망하게 됩니다. 클레어는 소개팅에서 거절당했을 때 내가 잘못되었다고 못 느낍니다. 누구의 탓도 하지 않고 그저 서로가 다르다고 생각할 뿐입니다. 미셸은 타인으로부터 거절을 받게 되면 내가 무언가 부족하다고 생각하거나, 아니면 상대의 시선이 이상해서 그렇다고 탓하게 됩니다.

우리는 나의 행동이 잘못되었다고 느끼는 순간 나의 행동이 생존에 불리하다는 판단을 바로 내리고, 내 생존에 유리하게 만들려고, 타인에게 인정을 구하려고 합니다. 우리는 생존을 위해서 나의 존재 가치를 증명해 보이며, 어떻게든 나의 편을 하나라도 만들려고 합니다. 우리는 살아가면서 우리가 생각했던 것보다 훨씬 사람들로부터 인정을 갈구하면서 살아갑니다. 인정을 갈망하는 마음은 내가 부족하고 내가 못났다는 마음에서 올라오는 것이기 때문에 우리는 이 감정을 통제하려고 합니다.

외부에서 나타난 나에 대한 비난이나 비판, 시험 탈락, 사랑하는 연인과 이별은 내 안에 가라앉아 있던 욕망에 방아쇠를 당겨 외부로 나의 억눌린 감정을 드러나게 했을 뿐 사실 외부에서 인정받지 못하고 실패하는 상황 자체가 문제 되는 것은 없습니다. 맑은 날이 있고 흐린 날이 있는 것처럼, 성공과 실패가 아니라 서로 다른 사건이 일어난 날일 뿐입니다. 내가 결핍된 감정에 집착하는 것은 내가 이걸 꼭 붙들고 있는 것이 나의 발전에 원동력이 되리라 믿기 때문입니다. 그래서 나는 그 결핍된 감정을 놓아주려고 하지 않는 것입니다. 세상의 인정을 받으려면 더 노력해야 한다는 믿음이 아직 부족하다는 마음이 나를 더 결핍의 상태로 몰아간다는 것을 나만 모르는 것입니다.

내가 인정받지 않아도 타인의 평가가 어떤 것이어도 내 마음이 그 소리에 동요될 이유는 없습니다. 외부의 인정과 평가가 더 중요하고 생각한다면, 여러분은 아직도 내면에서 욕망이 만들어내는 착각에서 놀아나고 있는 것입니다. 우리 자신이 타인의 시선과 평가에 더 이상 내가 휘둘리지 않아도 된다고 내가 결정을 내리고 이 감정을 놓아주면 나는 평생토록 당연하게 느꼈던 공포와 두려움 불안함을 더 이상 느끼지 않아도 되는 평온한 상태를 만나게 됩니다. 이 감정은 살면서 단 한 번도 경험해 본 적이 없기에 이 편안함이 오히려 불편한 것입니다. 해야 할 일이 없다면 걱정이라도 해야 할 것 같고 아니면 먹기라도 해야 마음이 편안할 거라고 믿는 것입니다. 그래서 그 불안함을 놓아주는 법을 모르는 것입니다. 아이러니하게도 그 평온하고 편안한 마음이 불안하고 오히려 두렵고 걱정하는 감정이 더 편하기 때문에 이 익숙한 감정을 놓지 못하고 있다는 것을 알아야 합니다.

우리 내면에서 나를 지키고자 하는 에고는 자신을 지키기 위해서 온갖 감정과 생각을 일으켜서 순간적으로 판단을 흐리게 만들어 버립니다. 불안하고 괴로운 마음을 붙들고 있으면, 타인의 평가와 시선에 신경 쓰는 것이 얼마나 중요하고, 그것을 채우지 않으면 얼마나 나쁜 일이 일어나는지 나에게 알려줍니다. 그리고 우리는 이것을 내 생각이라고 착각합니다. 그래서 타인의 시선과 평가에 집착하게 됩니다. 결국 나를 보호하려는 그 마음이 나를 노예로 만들어 버리는 것입니다. 내 몸에 가시가 박혔다면 그 가시를 빼면 더 이상 상처가 나지 않는데, 나는 상처를 보호한다는 이유로 상처 위에 두꺼운 붕대를 감싸서 나를 보호하는 것입니다. 이것이 상처를 더 깊게 만든 것도 모르고 말입니다.

- 당신은 부족하지도 모자라지도 않습니다

나의 삶을 통제하려고 수백 가지 계획을 세우고, 누군가에게 인정받기 위해 열심히 살아도 삶이 나아지지 않는 이유가 이것입니다. 결핍된 마음을 바탕으로 무엇을 하려 했기 때문에 그 바탕이 되는 결핍은 무슨 짓을 해도 채워지지 않은 것입니다. 지금 삶에 나타난 모든 일들을 통제하려고 하지 않고, 초연하게 바라보는 연습을 이제 하는 것입니다. 나타난 사건은 사건이고, 감정은 감정입니다. 감정과 사건은 동일하지 않습니다. 지금 외부로 나타난 사건에 나타난 나의 감정 나의 욕망이 내가 아니라는 것을 알아차리고, 우리가 이 욕망을 놓아버려야 합니다. 나의 욕망이 결핍된 감정을 채우려는 시도를 포기한다고 해도 우리는 우리의 삶을 포기하지 않게 됩니다.

내가 부족하다, 내가 열심히 하지 않았다, 나는 가치가 없다는 착각을 내려놓으면 나는 훨씬 편한 감정 상태로 삶의 흐름을 타고 나아갈 수 있습니다. 하지만 '이것이 아니면 안 돼!', '꼭 이렇게 되어야 해!', '나는 더 열심히 노력해야 해!'라고 생각하는 한 크게 기울어진 에너지는 결국 반대의 감정을 일으켜 내가 원하는 결과와 반대에 이르게 됩니다. 내가 원하는 것이 돼도 좋고 아니어도 상관없는, 외부에 일어나는 사건이 나의 삶에 아무런 영향을 끼치지 못하는 상태를 만들어야 합니다. 어느 쪽이 되어도 상관없으니 나는 결과에 집착을 안 하게 되는 것입니다. 내가 성공을 해도 좋고 내가 실패를 해도 좋은 상태를 만드는 것, 타인의 인정을 받아도 좋고 아니어도 상관없는 상태가 되는 것입니다.

- 삶이란 흐름을 타고 서핑을 타는 법

2020년 9월 14일 헬스 트레이너 문석기가 운영하는 유튜브 채널인 〈핏블리〉에 영상 하나가 올라옵니다. 제목은 〈코로나19로 헬스장 문 닫고 타락한 헬창, 살면서 처음 먹는 치즈볼, 눈물의 먹방〉이었습니다. 코로나19로 헬스장 영업이 정지되면서 헬스 관련 동영상과 다이어트에 도움이 되는 건강 식단을 찍어올리던 유튜버 핏블리는 영업 정지가 된 마당에 헬스장 월세를 벌려면 뭐라도 해야겠다는 생각에 문 닫은 체육관에서 먹방을 시작합니다.

항상 올바른 식습관을 강조했던 헬스 트레이너가 다른 곳도 아닌 영업 정지를 당한 헬스장에서 금기시 되어왔던 치즈볼과 치킨 먹방을 촬영한 이 영상은 구독자들의 마음을 뒤흔들어 놓았습니다. 영업 정지를 당한 헬스장에서 먹방을 펼치는 그를 보며 왠지 모를 애잔함, 그리고 그간 금기시 되어왔던 음식을 먹는 그의 모습에서 통쾌함과 짜릿함을, 정말 맛깔스럽게 치즈볼을 먹는 모습에 공감대를 이끌어내면서 급격하게 인기를 얻게 되었습니다. 유튜브 구독자는 몇 달 사이에 순식간에 늘어나고 자신이 먹었던 치즈볼 브랜드의 모델도 하고, 라디오 방송에 출연하고, 연예인들과 각종 콜라보 영상을 찍어 유튜브 채널에 올리기도 했습니다. 각종 유료 광고들도 유튜브 채널을 통해 들어오면서 약 3개월 사이에 이전과는 전혀 다른 인생의 대전환기를 맞이하게 됩니다.

코로나19로 어쩔 수 없이 헬스장 운영을 못하는 상황을 인정하고, 월세를 내기 위해 뭐라도 해야겠다는 생각에 모든 것을 내려놓고 시작한 먹방이 그를 라이징 스타로 만들어 주었습니다. 상황을 탓하고 자기가 가지고 누렸던 것들을 그대로 유지하려고 했다면 얻지 못했던 결과일 것입니다.

이제는 삶에서 나타난 모든 일들을 통제하려는 그 마음을 놓아버립니다. 상대의 마음을 사고 잘 보이려고 했던 나의 마음, 삶에 나타난 나의 모든 애씀을 내려놓는 것입니다. 삶에 모든 애씀을 내려놓게 되면 내 몸에 긴장되었던 근육들이 모두 이완이 되고, 막혔던 몸의 에너지가 풀리면서 우리는 세상과 비물질적으로 훨씬 더 잘 소통할 수 있게 됩니다. 내가 잘하려는 마음을 내려두고 포기했을 때 오히려 나를 돕는 주변의 손길이 더 많이 찾아오고, 기회도 더 많이 주어지게 됩니다. 이것이 아니면 안 된다는 생각을 내려두고,

이래도 되고 저래도 되는 상태가 되면 삶에서 기회는 훨씬 더 많아지게 됩니다.

　내가 삶에 저항하는 그 마음만 내려놓아도 삶은 훨씬 평온해집니다. 마음이 편해지면 당연히 나는 세상을 대하는 태도와 타인을 대하는 마음이 달라집니다. 우리가 평온한 마음으로 세상을 바라보고 타인을 대할 때, 우리는 완전한 사랑 앞에 서 있는 것입니다. 마음의 문을 활짝 열어 저항하는 마음을 풀어놓는 순간 그 편안한 마음에서 나오는 평온하고 따뜻한 에너지가 내 삶에 행운을 가져다줍니다. 습관화된 마음이 자꾸 과거로 돌아가 아직도 부족하다고 느끼고 내 삶을 통제하려고 한다면, 꼭 쥐고 있던 나의 욕망을 손에서 놓아주고, 넘실대는 파도에 저항하다 침몰하지 마시고, 흐르는 파도에 몸을 맡겨 서핑을 타면 됩니다.

영감을 타고 흘러가는 쉬운 삶

- 내 안에 살고 있는 요술램프 지니

2007년 독일 베를린의 신경 과학자인 존 딜런 하네스 박사는 한 가지 흥미로운 실험을 수행했습니다. 대학생들에게 양손에 각기 다른 버튼을 하나씩 잡고 있도록 한 후, 어느 쪽 버튼을 누를지 결정을 내리고 결정하는 순간 그 즉시 버튼을 눌러달라고 말한 뒤 자기공명영상(MRI)으로 뇌 신경의 움직임을 관찰했습니다. 만일 내가 내린 결정이 나의 자유의지로 내려지는 거라면 당연히 내 결정이 내려지는 바로 그 찰나에 신호가 파악되어야 합니다. 하지만 자기공명영상에 촬영된 결과를 보면 여러분은 어쩌면 마법이나 다른 세계 같은 것이 존재할지도 모른다는 생각을 할 수 있습니다. 실험 결과에 따르면 학생들은 지침을 받은 대로 결정을 내리면서 동시에 즉시 버튼을 눌렀습니다. 그런데 결정을 내리기 최대 10초 전에 이미 이들의 두뇌에 주어진 문제를 감지하는 신호가 들어와 있던 것입니다. 이 신호를 보고 과학자들은 학생들이 어느 버튼을 누를지 정확히 예측하는 것 또한 가능했습니다. 이 연구는 너무나 충격적이어서 이후 비슷한 연구가 계속되었지만 결과에는 차이가 없었습니다.

노르웨이 베르겐대 심리학자 아이첼레는 일상적인 일을 하는 사람들의 뇌파를 관찰한 결과를 보고는 매우 놀라게 됩니다. 사람들이 실수를 범하기 최대 30초 전에 뇌 신경세포에 이미 실수를 감지하는 신호가 간다라는 사실이 드러났기 때문입니다. 캘리포니아 대학의 이츠하크 프라이드 교수는 두뇌에 전극을 직접 이식한 뒤 두뇌의 움직임을 관찰해본 결과 두뇌는 의사결정에 참여하지 않고, 나중에 통보받는다는 점, 결정은 누군가가 이미 해놓은 것이며 이미 결정된 판단을 우리 의식이 나중에 받아들이는 것이라고 결론을 내렸습니다.

누군가 혹은 무엇인가가 나보다 앞서 결정을 내리고 신호를 보내준다니 그 정체는 도대체 무엇일까요? 나보다 먼저 안다니 그럼 내가 안다는 것은 무엇일까요? 몇 년 전까지만 해도 의식의 영역은 과학의 분야가 아니라고 판단하고, 의식은 일부 신비주의가나 영성, 철학자들의 이야기라고 치부했지만, 최신 과학에서는 영성과 과학이 융합하려는 움직임이 드러나고 있습니다. 우리가 무엇을 결정을 내리려고 하기 전에 이미 마음속에서 결정을 내리는 것은 우리의 의식인데, 더 정확하게 말하면 마음 깊숙한 곳에 숨겨진 잠재의식, 무의식이라고 말합니다. 사실 내가 하는 결정을 무의식이 이미 결정을 내린 다는 것을 못 믿더라도, 우리는 살면서 한 번쯤은 이런 말을 합니다. '아! 초코 아이스크림이 먹고 싶었는데 무의식중에 딸기를 시켜버렸네!', '무의식중에 예전 집으로 버스를 타고 가버렸어.'라고 말입니다. 이 말은 우리가 어떤 선택 전, 나의 의식이 인지하기 전, 그러니까 내가 틀렸다고 혹은 이것이라고 느끼기 전에 무언가가 나를 조종해 선택하게 했다는 말입니다.

- 삶의 문제를 푸는 마법의 열쇠

데이비드 호킨스 박사의 저서 『의식 혁명』에서는 의식의 장(field)은 모든 정보로 구성된 데이터베이스이며, 불러오기(load)의 과정을 기다리고 있는 거대한 정보 창고라고 말합니다. 이 의식의 장은 직관, 예감, 꿈, 자신의 천재성을 발견하고 영감의 원천이 되기도 합니다. 이 에너지 장에 들어 있는 정보를 우리가 사용하려면 부정성을 버리고 긍정성을 추구할 때 이성과 논리, 원인과 결과로 설명하기 어려운 기적과 같은 신비한 현상들이 저절로 펼쳐집니다. 호킨스 박사가 개발한 의식 지도에서는 수치심부터 깨달음까지 다양한 단계의 의식수준을 수치로 정리해두었는데, 수치상으로 200레벨인 용기를 기준으로 그 이하로 갖게 되는 부정적이고 어두운 감정들은 약하거나, 서로 끌어내리려는 경향이 있으며, 200레벨 이상의 감정들은 강하고, 긍정적이며 서로 끌어올리는 경향이 있다고 합니다.

특히 인간이 내면을 치유하고 부정적인 상태를 긍적적인 상태로 옮긴 수치 540 레벨 이상의 사랑과 기쁨 상태에 머무르게 되면, 우리가 가슴에 품고 있던 일이 마치 마법처럼 펼쳐진다고 합니다. 결국 우리가 사랑의 감정을 키워나가면 현실을 내가 원하는 방향대로 창조하는 힘을 얻게 되는 것입니다.

머리에서 소란스럽게 떠들어 대는 정보들, 나에게 이것이 옳다 저것이 옳다고 말하는 모든 판단들은 대부분 과거로부터 온 것이며 내 기억 속에 저장되어 있다가 떠올랐던 정보들입니다. 그 정보들이 언제나 같은 결과를 만들진 않습니다. 그래서 과거의 기억들에 우리는 얽매일 필요가 없습니다. 내 안에 부정적인 생각과 느낌을 녹여내고, 스스로를 믿고 응원하고 사랑하는 힘이 커지면 우리는 무의식 안에 있던 데이터를 활용해 내가 언제, 어떤 선택을 해야 가장 좋은지 심장을 통해 느낌으로 다운로드합니다. 머릿속에 시끄러운 모든 생각을 잠재우고 심장의 느낌에 귀 기울이는 연습을 하면, 우리는 육감을 깨워 지금 이 순간 나에게 가장 적절한 선택을 하는 힘을 무의식으로부터 전달받게 됩니다.

스티브 잡스는 젊었을 때부터 명상을 즐긴 것으로 잘 알려져 있고, 그의 아이패드에 있던 유일한 전자책이 『요가난다, 영혼의 자서전』이었습니다. 그가 죽기 전 자신의 장례식에 온 사람들에게 선물로 이 책을 준비했을 만큼, 그는 명상을 통해 자신이 얻은 깊은 통찰들을 사람들과 나누고자 했습니다. 스티브 잡스가 시대를 바꾸는 기업을 운영할 수 있었던 것은 깊은 고요 속으로 들어가 내면의 안내자를 통해 문제의 실마리를 찾고, 창의성과 직관력을 발휘했기 때문입니다.

저에게도 이런 경험이 있습니다. 한 번은 제가 이사를 해야 할 시기가 되었을 때 집을 구했던 경험입니다. 제가 가지고 있었던 돈이 억 단위가 넘게 있었지만, 제가 가진 돈으로 전세를 구하기가 어려울 만큼 전세 대란이 일어났던 시기였습니다. 몇 천 정도의 보증금도 아니고 억대 단위의 돈이 있었지만 집을 사기엔 턱없이 부족한 돈이고, 예산 안에서 구하려 했지만 한 달 째 집을 구하지 못했습니다. 정 안되면 사무실에 간이침대를 두고 살아야겠다는 생각을 하면서, 부동산에서 전세가 나왔단 이야기를 듣게 되면 열일을 제쳐두고 가서 봤지만 제가 원하는 조건의 집을 계속 찾지 못하고 지금 살던 집을 빼야 하는 날짜는 점점 다가왔습니다.

그래서 하루는 제가 원하는 집을 구체적으로 상상을 해봤습니다. 집의 창문 사이즈, 인테리어, 분위기, 주방이나 욕실 디자인까지 구체적으로 머릿속으로 그려봤습니다. 소파에 앉아 창밖의 풍경을 보며, 오후 햇살을 맞으며 커피를 마시는 저의 모습이 분명히 보였습니다. 너무 생생하게 그린 나머지 창문 사이로 들어오는 햇살까지도 느껴졌습니다. 그런데 현실적으로 제가 원하는 집과 제가 가진 금액으로는 지금 살고 있는 동네에서 전세가 불가능했습니다. 조금 저렴하다고 알려진 다른 동네를 가도 마찬가지였습니다. 그래서 집을 구하는 것을 거의 포기했습니다. 어차피 내 의지로 할 수 있는 일이 없었으니 모든 걸 운명에 맡기기로 했습니다.

그리고 어느 날 아침 문득 저와 친한 부동산 사장님께 전화를 걸어 제 사정을 말해야겠다는 생각이 들었습니다. 집을 구하지 못해 어쩌면 길바닥에서 잘 수도 있다는 이야길 하며 도와달라고 청했습니다. 사장님은 제가 가진 돈으로 전세는 구하기 어렵고, 제가 오래전에 살았던 빌라가 지금 공실이라며, 정 집을 구하지 못하면 거기서 월세로 사는 건 어떠냐고 제안을 해주셨습니다. 사실 그곳은 건물에 하자가 많아서 살면서 불편했기에 그곳에 다시 가는 게 싫었습니다. 하지만 지금은 찬물, 더운 물 가릴 때가 아니라서 일단은 그렇게 하겠다고 말을 했습니다.

전 집주인과 부동산 사장님 그리고 저 이렇게 셋이 아는 사이라 일단 구두로 언제쯤 계약을 하자고 말만 해두었는데, 집주인 분이 차일피일 계속 계약을 미루셨습니다. 사실 저는 그 집이 다시 들어가서 살고 싶은 집도 아니었고, 어차피 아는 사이라 계약은 형식일 뿐이란 생각이 들어서 어떻게든 되겠지라 생각하며 별 걱정을 안 하고 살고 있었습니다.

그러던 어느 주말 외출 후 집에 가던 길에 화장실이 너무 가고 싶었습니다. 집까지 5분이면 되었지만 너무 급해서 스타벅스에 들려 급한 불을 끄기로 결정했습니다. 화장실에서 일을 보고, 커피를 사서 나오는데 입구에서 저와 친한 부동산 사장님을 만나게 되었습니다. 주말에 웬일이냐며 서로 인사를 나누자마자 사장님께선 다급한 말투로 지금 막 저와 딱 맞는 아파트 매물이 매매로 나왔다면서 월요일 아침에 부동산으로 바로 오라고 하셨습니다. 제가 가진 돈으로 전세도 힘든데 그 돈으로 집을 살 수 있다는 사실이 믿기지 않았지만 사장님을 믿고 다음날 집을 보러 가게 되었습니다.

현관문을 열고 집에 들어간 순간 저는 너무 놀랐습니다. 제가 상상 속에서 바라던 모든 조건을 채워주는 집이었으며 심지어 전셋집 구할 정도의 돈으로 집을 사는 경험을 하게 되었습니다. 그날 매물을 보러 갔을 때, 그 아파트를 보러 온 사람이 세 팀이었습니다. 한참 재개발 이슈로 뜨거웠던 타이밍이어서 누가 먼저 계약금을 먼저 입금하느냐가 문제였습니다. 그런데 집을 보자마자 저는 늘 상상 속에서 보던 그 집이라 고민할 것이 없었습니다. 집의 이곳저곳을 보니 마음이 편안했고, 내가 찾던 곳이 바로 여기라는 생각에 고민 없이 계약금을 가장 먼저 넣고 결국 그 집을 매매하게 되었습니다. 제 의지로 해결하려고 할 때는 더 엉켜버린 문제들이 영혼에 맡겨두니 제 기대보다 더 좋은 걸 알아서 가져다주는 경험을 하게 되었습니다.

- 영혼이 보내는 메시지

우리는 어떤 직감이나 느낌, 영혼이 보내는 어떤 메시지들을 믿기 어려워합니다. 눈앞에 보이는 증거가 있어야 우리는 그것을 믿음으로 가져가려고합니다. 이런 행운은 사주팔자가 좋은 사람이나 어떤 특정인이 경험하는 운이 좋은 사람들만이 경험하는 일이며 나와는 상관없는 일이라 생각하기도합니다. 우리의 뇌는 눈에 보이는 현실만 보고 그런 소망은 말이 안 되는 이야기라며 이뤄지지 않을 수천 가지 이유를 대면서 우리를 제자리에 머물게합니다.

운칠기삼(運七技三)이라는 말이 있습니다. 운이 7할이고, 재주(노력)가 3할이라는 뜻입니다. 곧 일의 성패는 운이 7할을 차지하고, 노력이 3할을 차지하는 것이어서 결국 운이 따라주지 않으면 일을 이루기 어렵다는 뜻입니다. 우리 주변엔 재주 좋고 능력 좋고 노력을 하는 사람들이 많지만 그들 중에도 성공하는 사람이 있고 세상에 빛조차도 보지 못하고 사라지는 사람들도 많습니다. 비슷한 조건과 능력을 가진 사람이, 같은 일을 해도 탁월한 성과를 내고 어떤 이는 실패만 거듭합니다. 눈에 보이는 현실 세계만 본다면 세상은 불공평하기 짝이 없지만, 운을 좌지우지하는 에너지 차원을 이해를 하게 된다면, 삶에 나타난 모든 일들이 이해가 되기 시작합니다. 나의 노력에 운이라는 힘을 더하면, 우리는 좋은 에너지에 편승해 운이라는 흐름을 타고 내가 원하는 현실을 만들 수 있다는 이야기입니다. 우리는 삶을 통해 내가 이루고자 하는 것을 얻기 위해 3할이라는 노력을 하는 것만큼 좋은 운을 만들기 위한 노력도 같이 해야 한다는 이야기입니다.

그래서 좋은 운을 가져다주는 영혼의 메시지를 잘 들으려면 가장 먼저 나를 사랑하고 이해하는 것이 중요합니다. 세상 사람들이 좋다는 직업과 취향을 가지는 것이 아니라 내가 영혼이 가장 즐겁고 행복해하는 일을 찾고 나만의 색과 취향을 더해 나의 강점을 섬세하게 다듬어야 합니다. 그리고 내가 선택한 나의 정체성으로 나의 색을 있는 그대로 사랑하고, 그것을 사랑과 감사의 자리에서 기쁨과 행복한 마음으로 매순간 주어진 기회에 최선을 다하는 것입니다. 정말로 내가 원하는 일을 찾고 그 일을 즐기면서 행복하게 하게 되면, 당연히 감사하게 되고, 감사함이 커지니 내가 가진 것을 나누고 싶게 됩니다. 내 것을 나누며 타인을 위해 봉사하니 당연히 내가 뿌리는 사랑의 씨앗은 열매로 돌아오고 나는 단단한 뿌리를 가진 나무로 크게 성장할 수 있습니다.

요술램프 지니 사용 설명서

- 왜 BTS는 세계적인 스타가 되었을까?

누군가가 하는 일이 나를 행복하고 즐겁게 하는 일이라면 우리는 그 사람에게 전폭적인 응원과 지지를 보내고 나의 시간과 돈을 들여 그들을 응원합니다. BTS는 최근 팝 역사상 가장 독보적인 인기를 끌고 있는 아티스트입니다. 국내뿐만 아니라 전 세계에서 BTS를 열광하고 응원합니다. 멤버 전원이 유창하게 영어를 잘하지도 않습니다. 심지어 빌보드 차트에 오른 몇 노래들은 한국 가사입니다. 그럼에도 불구하고 전 세계의 팬들은 한국어를 배워 BTS 노래를 열창합니다. 과거에 꽤 많은 시간 동안 해외 진출을 하려고 아티스트를 양성하고 영어를 가르치고, 영어권에서 성장했던 아티스트를 영입하면서 끊임없이 노력했지만, 해외 진출의 장벽은 높아 보이기만 했습니다. 전세계에는 수많은 아티스트들이 존재하고, 어쩌면 BTS보다 더 많은 노력을 하고, 더 음악적으로 뛰어난 아티스트로도 있을 것입니다. 하지만 왜 BTS는 되었고 다른 이들은 안 되었을까요?

BTS가 다른 아티스트들과 다른 점이 있다면, 그들은 누군가를 닮은, '누구 같은'이 아닌 자기 자신이 되었다는 것입니다. 비틀즈를 닮은, 마룬 파이브 같은 K-POP 아티스트가 아니라 그냥 BTS 존재 그 자체였습니다. 자신들이 무엇을 좋아하고 잘하는지 명확하게 알았고, 큰 이목을 끌지 못했던 데뷔 초창기에도 꾸준하게 소셜미디어로 팬들과 소통하며 다양한 책과, 예술 작품들을 통해 영감을 받고 자신만의 음악 세계를 구축했습니다. 자신의 영혼에서 나온 이야기들을 음악으로 만들어 팬들과 소통했습니다. 그저 있는 그대로 부족하면 부족한 그대로 세상에 자신들을 드러내기 시작했습니다. 그들이 그럴 수 있었던 이유는 있는 그대로 자신을 온전히 사랑하는 법을 알았기 때문입니다.

BTS의 'LOVE YOURSELF' 앨범의 수록곡 중 하나인 'MAGIC SHOP'은 『닥터 도티의 마술 가게』라는 책에서 모티프를 가져온 것입니다. BTS가 방송이나 인터뷰를 통해서 항상 자기사랑을 강조합니다. 자기사랑은 특정한 어떤 모습의 나를 사랑하는 것이 아니라 있는 그대로의 나를 분별하지 않고 온전히 허용할 때 생기는 것임을 BTS는 알고 있었습니다. BTS가 우리와 다른 점은, 자신을 믿고 자신의 모든 면을 온전히 허용했던 것, 내가 좋아하고 잘하는 일을 꾸준히 열심히 했던 것, 포기하지 않고 나아갔던 것입니다.

- 야, 너두 BTS 될 수 있어!

BTS가 그랬던 것처럼 우리가 내면의 안내를 받아 진정으로 내 영혼을 울리는 일을 하기 위해서는 첫째, 머리로 나의 과거의 경험과 생각으로 어떤 일이나 상황을 판단하는 습관을 내려두어야 합니다. 둘째, 생각을 고요히 잠재우고 잡념이 사라지면 내 심장에서, 내 가슴에서 무슨 느낌을 전달하려고 하는지 잘 들어봐야 합니다. 셋째, 지금 내가 느끼는 이 느낌이 진짜 나의 내면, 나의 영혼이 시키는 일인지 아닌지 알아내려면 우리는 반복적으로 머릿속 판단을 내려두고 가슴으로 느끼는 연습을 해야 합니다. 넷째, 이 연습을 잘하려면 우리는 나의 모든 면을 허용하고, 분별하지 않고 사랑하는 연습을 해야 합니다. 다섯째, 영혼의 느낌은 가볍습니다. 우리의 영혼은 결코 어렵거나 불가능한 것, 내 마음이 힘들고 무겁다고 느껴지는 것을 나의 심장으로부터 전하지 않습니다. 그런 느낌이 든다면 내 영혼이 원하지 않는 것입니다. 영혼에서 전하는 영감의 느낌은 대체로 매우 가볍습니다.

이것이 내 안에 잠든 지니를 깨우는 방법입니다.

지니가 알려주는 행운의 메시지들은 오늘 'SNS에 글 한번 올려볼까?', '혼자 여행을 가볼까?', '오랫동안 그림을 배우고 싶었는데 미술 학원을 다녀볼까?' 하는 등의 가벼운 마음으로 일어납니다. 그 사소한 별것 아닌 것들을 가벼운 마음으로 해보고, 가벼운 마음으로 해봤는데 그 일이 나를 즐겁게 하고, 조금 더 잘하고 싶다는 욕심이 생기면 조금씩 천천히 그 분야에서 잘하는 방법을 찾아가며 도전해보는 것입니다. 처음부터 나의 영혼의 목소리를 완벽하게 이해할 순 없습니다. 그런데 그 목소리가 '오늘은 버스를 타지 말고 걸어가 봐!'라는 메시지일 수도 있고, 평소에 연락하지 않았던 친구에게 전화를 걸고 싶은 느낌일 수도 있습니다. 그저 내 영혼의 가볍게 발걸음을 옮겨가는 곳으로 따라가 보는 것입니다. 이건 '비합리적인 생각이야!', '이걸 해가지고 되겠어!'라고 판단하지 말고 그냥 가벼운 마음으로 기대하지 않고 해볼 수 있는 것들을 해보는 것입니다.

　제가 이 책을 쓰고 있는 이 순간 저는 이런 경험을 통해 책으로 쓸 줄 몰랐습니다. 제 영혼이 저에게 어떤 계획을 하고 있는지 모르겠지만, 지금 저는 스스로 치유하며 느꼈던 과정을 글로 쓰고 있습니다. 아직 출판사와 계약도 하지 않았고, 책이 계약이 돼서 세상에 나올지 말지도 미지수입니다. 하지만 제가 책을 쓰기로 결정한 이유는 어느 날 명상 중 내면의 안내를 받았기 때문입니다. 제 이름은 아빠가 지어주신 한자 이름입니다. 이름 중에 '아'라는 한자가 들어가는데, 보통 한자로 '아'라는 이름을 짓게 되면 흔히들 兒(아이 아),

我(나 아) 한자를 주로 이름에 사용합니다. 그런데 제가 쓰는 '아'의 한자는 白 (흰 백) 변에 我(나 아)를 합친 皒(흰빛 아)라는 뜻을 가진 일반적으로 잘 쓰지 않은 한자를 제 이름에 붙여주셨습니다. 어느 날 명상을 하면서 깊고 고요 한 상태에 이르렀을 때, 내가 이 세상에 온 이유, 내가 이 세상에서 펼칠 수 있 는 나의 재능은 무엇일까? 하고 떠올렸을 때, 한자로 된 제 이름이 눈앞에 그 려졌고, 너를 밝혀 세상을 밝혀 보라는 말을 느끼게 되었습니다. 뭐랄까 이건 어디서 목소리가 들리는 게 아니라 육감적으로 '그래, 이 말이구나!'라고 단박 에 느낄 수 있는 어떤 영감이었습니다. 가슴이 살짝 두근거렸고, 이 말이 무 슨 뜻일까 다듬어 보기 시작했습니다.

밝게 빛난다는 뜻의 '흰빛 아'라는 이 한자에 대해 살면서 단 한 번도 생각 해본 적이 없었습니다. 나를 밝혀 세상을 밝히라니 이게 무슨 말일까? 명상 이 끝나고 한참 동안 이 내면 안내자의 말을 떠올려 봤습니다. 결국 내 안에 서 빛이 나려면 나는 나를 깊이 사랑해야 하고, 내가 나를 밝히면 당연히 주 변 세계도 밝아질 것이니, 내가 나 자신을 깊이 이해하고, 사랑해서(=밝혀서) 그 뜻을 전하라는 말인가? 하는 생각으로 내면 안내자의 느낌의 해석을 이 어 나갔습니다.

내면에 안내자가 말하는 나를 밝혀 세상을 밝히려면 나는 어떻게 해야 할 까? 하는 물음엔 블로그에 가볍게 글을 써보자는 생각으로 이어졌습니다. 블로그에 글을 쓰기 시작하면서, 다양한 사연을 가진 사람들을 글을 통해 만나게 됐습니다. 사연도 성별도 나이도 달랐지만 내면의 아픔을 들여다보면 결코 나와 다르지 않았던, 그들의 이야기를 함께 공감하며 댓글을 달아주고, 상담을 해주기도 했습니다. 그러던 어느 날부터 몇몇 분들이 블로그의 글을 책으로 소장하고 싶다고 책을 써달라고 요청을 했고 또 제 글을 보면 힘이 난다는 쪽지를 심심치 않게 받게 되었습니다. 사람들의 칭찬에 용기가 조금씩 생기기 시작했습니다. 나의 지난했던 치유 과정이 세상 사람들에게 도움이 되는 일이라면 출판의 기회가 주어질 것이라 굳게 믿었습니다. 글을 써나갈수록 제 가슴속에서 말로 설명하기 어려운 큰 울림이 생겼고 '잘하고 싶다, 성공하고 싶다.'라는 마음 대신 '어떻게 많은 사람들에게 결국 〈모든 것은 사랑〉이라는 말을 쉽게 전할 수 있을까?' 이 생각만이 더 또렷해지는 신기한 경험을 했습니다.

- 잠든 지니 깨우기

그러니 지금 너무 상황이 막막하다면 생각을 멈추고, 호흡을 아주 느리게 하면서 내 심장의 느낌에 집중하면서 내면 안에 머무는 연습을 해보는 것입니다. 내면 안에 머문다는 것은 머릿속에 잡념이나 생각이 전혀 없는 몽롱한 상태입니다. 온몸에 긴장이 하나도 없고 모든 세포들이 이완되어 있는 상태로, 졸리기 직전의 느낌이나, 잠에서 막 깬 상태와 비슷합니다. 그렇게 머리에 잡념이 지워지면 온몸의 세포 감각 하나하나가 살아나게 됩니다. 심장이 찌릿하기도 하고 머리가 쭈뼛 서기도 하며, 온몸에 물결이 출렁이듯 에너지가 느껴지기도 하고, 시간이 지나면 몸도 마음도 생각도 사라지는 뭐라 설명할 수 없는 고요함과 잔잔함이 흐르게 됩니다. 우리가 무언가에 아주 몰입하면서 할 때 이런 경험을 하게 됩니다. 시간도 공간도 사라졌다고 느끼게 됩니다. 예를 들면 좋아하는 게임을 하거나 운동 혹은 드라마를 볼 때 느끼는 몰입 상태와 유사합니다. 그렇게 온몸이 고요한 상태가 되면 '내 영혼이 바라는 일은 무엇일까? 지금 내 삶에 나타난 일은 내 영혼이 어떤 계획을 하고 만든 것일까?'라고 내면에 물어보는 겁니다. 답은 명상 중에 나올 수도 있고, 설거지를 하다가, 바쁘게 회사에서 업무 처리를 하다가, 멍 때리고 TV를 보다가 인터넷에서 웹서핑을 하다 답을 얻을 수도 있습니다.

우리가 내 영혼을 믿는다는 것은 내비게이션에 내가 원하는 최종 목적지를 찍는 것과 같습니다. 차에 타서 내비게이션을 서울역으로 찍고 운전을 해서 가고 있는데 제시간에 도착하지 못할까 봐 걱정을 계속하면서, 내가 방법을 찾고, 내 생각대로 방향을 틀어서 이동하면 나의 영혼을 믿지 못하는 것과 같습니다. 우리가 영혼에 따른 영감을 받고 목적지를 결정했을 때는 방법(HOW)은 고민하지 않는 것이 좋습니다. 그것은 내비게이션 좌표를 계속 다시 찍는 것과 다르지 않습니다. 목표 설정을 했다면, 방법은 영혼이 답을 줄 것이라 믿고 기다리는 것이 가장 빠르게 최종 목적지에 가는 것입니다. 우리가 온라인에서 쇼핑을 하고 나면 택배 발송 처리가 됩니다. 택배가 발송되었다는 문자를 받고 나면 우리는 당연히 그것이 나에게 올 것임을 압니다. 우리가 해야 할 일은 영감을 받고 영감에 따라서 할 행동이 있다면 그것을 하고, 기다리면 되는 것입니다.

지금 무언가 정확하게 그림이 보이지 않더라도 이 길 끝에 무언가 있다고 믿는 것입니다. 지금 거울 앞엔 뚱뚱한 모습의 내가 있지만, 식단 조절을 하면서 날씬해지는 모습을 그리며 다이어트를 해 나가듯 우리가 지금은 눈에 보이지 않는 세계인 내 마음을 교정하는 것입니다. 내가 그렇게 될 수 있다고 믿고, 나를 응원한다는 것은 나의 미래에 투자하는 것과 같습니다.

우리의 영혼은 나보다 나에 대해서 더 많은 것을 알고 있습니다. 고민거리를 스스로 해결하려는 노력을 오만가지를 했는데도 해결이 안 되었다면, 내가 해결하기를 멈추고, 마음을 텅 비우고 이제 내 영혼에게 숙제를 주는 것입니다. 내 영혼은 육신이 없기에, 타인의 옷을 입고 나타나서 나에게 말을 걸기도 합니다. 우연을 가장한 만남을 통해 그 사람의 입을 통해 해답을 듣기도 하고, 내 영혼은 책에 자신의 몸을 입혀 나타나기도 합니다. 어느 날 직감적으로 어떤 책이 읽고 싶다는 느낌이 들어서 책을 꺼내 읽음으로써 거기에서 해답을 찾게 되는 일, 이것이 내 영혼이 나에게 말을 걸어 길을 안내한다는 느낌입니다. 어느 날 중고 거래를 하러 나갔다가 그곳에서 만난 사람과 운명의 짝이 될 수도 있고, 지금 해야 하는 일을 어디서부터 풀어야 할지 몰랐는데, 오랜만에 친구와 통화하다가 귀인을 소개 받기도 합니다. 중요한 것은 내 영혼을 믿는 것입니다. 내 영혼이 분명히 말을 걸어올 거라 믿고, 나의 판단과 생각을 내려놓고 나의 느낌의 감각을 키워나가는 것입니다. 내 육신에서 느껴지는 육감을 키워가려면, 머릿속에 잡념이 사라져야 하며, 마음이 불안해선 안 됩니다. 그러기 위해선 다시금 나를 믿고 사랑하는 것이 내 안에 잠든 지니를 가장 빠르게 깨우는 법이 됩니다.

PART 3

쉽고 편하게 사는
인생 치트키
'자기사랑'

01

나를 사랑하는 게
뭐 어때서?

- 사랑이 없다면 가진 것도 잃게 됩니다

지금 저는 제가 어떤 이유에서건 사랑받을 만한 사람이고 또 사랑할 수 있는 사람이라는 것을 분명하게 느끼고 있지만 불과 얼마 전까지만 해도 나는 사랑받지 못할 사람이라고 단정지었습니다. 내가 잘났든 못났든 그냥 지금 그대로 사랑받을 수 있는 존재라고 느끼게 된 건, 외부에서 누가 저를 잘났다고 대접해줘서도 아니고, 누군가 저를 열렬하게 사랑해주어서도 아니고, 제가 대단한 인물이 되어서도 아닙니다. 오히려 외부에서 보이는 모든 것들을 잃게 되었을 때, 저는 아무것도 없는 나를 있는 그대로 사랑하게 되었습니다. 변한 건 제 마음뿐이었습니다. 제 마음가짐 이외에 세상에 변한 건 하나도 없었습니다.

삶은 어제와 같이 흘러갔는데 그저 오늘부터 그렇게 살기로 제가 결정한 것입니다. 우리 마음의 장점은 내가 마음속으로 한번 결론을 내렸더라도, 다시 되돌릴 수 있다는 것입니다. 내가 나를 미워하기로 결정한 것이 얼마나 오래됐든 간에 우리는 스스로 정한 마음의 속박과 한계로부터 쉽게 벗어날 수 있습니다. 단, 내가 그렇게 하기로 아주 단단히 결정을 내렸을 때만 마음의 변화를 가져올 수 있습니다.

내가 나를 사랑할 수 없었던 건, 생을 통해 나타난 여러 가지 사건이나 이유가 꼭 있게 마련입니다. 이런 경험 없이 우리는 스스로를 탓하거나 미워하거나 자책하거나 하는 일은 불가능합니다. 우리가 나를 사랑할 수 없었던 이유는 나만의 잘못은 아닙니다. 아래 8가지 예시를 통해 여러분의 아픔이 어디서 시작되었는지 원인을 찾아볼 수 있습니다.

- 나를 사랑하지 못하는 8가지 이유

1) 사회적 배경

한국 사회는 오랫동안 트라우마가 많았던 사회입니다. 각종 전쟁이나 다른 나라의 침략으로 인해 주권을 뺏기기도 하고, 우리나라 전통적인 생활 습관,

문화, 심지어 우리가 사용했던 언어까지 삶의 모든 것을 약탈당하기도 했습니다. 그렇게 누군가에게 빼앗기고, 억눌린 감정들을 경험하면서, 그 안에서 수치심을 경험하고, 그들은 우리에게 스스로를 비하하도록 길들였습니다. 그들이 우리를 하찮은 존재라고 길들였기 때문에 우리는 습관적으로 자기 자신을 하찮게 대우하는 습관을 조상으로부터 물려받았습니다. 우리 조상들은 언젠가 내 것을 빼앗길지도 모른다. 누군가 나의 것을 도둑질해갈 수도 있다는 두려움과 공포가 무의식에 심어졌고, 이것은 우리나라 사회 전반에 빨리빨리 문화를 만들었습니다. 언제 또 침략당할지 모르니 잘하는 것보다는 빨리 끝내는 것이 중요했습니다.

언제든지 가질 수 있고 누릴 수 있다는 편안한 마음보다는 가진 것이라도 지켜야 한다는 마음을 만들어냈고 이것은 지속적으로 결핍된 마음을 창조시켰습니다. 우리는 마음에 사랑을 알고 사랑을 나누고 베풀기 이전에 박탈과 결핍을 먼저 배웠던 민족입니다. 그렇기 때문에 마음 안에서 누구에게나 있는 조건 없고 제한 없는 사랑을 알기가 어렵습니다. 인간은 누구나 존엄하고 귀한 존재인데, 뿌리 깊게 자라온 수치심들이 대물림되어 나를 사랑하는 게 이상하고, 낯선 일이 된 것입니다. 우리나라뿐만 아니라 세계적인 역사를 보면 소수의 강자들이 다수의 약자들을 군림하는 역사였습니다.

그리고 소수의 강자들이 그들에게 가르쳤던 것은 '너는 존엄하지 않고, 하찮은 존재야!'라는 메시지를 주입했습니다. 그리고 그들이 보내온 주입식 메시지를 다수는 그저 아무 의식 없이 받아들이게 된 것입니다. 오랜 역사 안에서 길들여진 하찮음, 자기 비하의 목소리가 내 안에 남아 있다면 아무리 물질적 풍요를 누려도 그 누구도 행복하지 않을 것입니다. 우리가 내면에 그 불행한 마음으로 어떤 것을 얻으려고 하고, 더 착취하려고 하면, 세상은 더 큰 파괴를 가져올 것입니다. 우리는 이런 사회적 문화적 배경을 이해하고, 나는 아무런 이유 없이도 사랑받을 존재라는 사실을 깨우쳐야 합니다.

2) 출생의 경험

모든 조건이 완벽하게 갖춰있고, 부모가 아이의 탄생을 기다리고 기뻐하며, 물질적으로든 정신적으로든 모든 것이 풍요롭고 따뜻하며 더할 나위 없이 행복한 환경에서 탄생을 맞이하는 아이는 몇이나 될까요? 요즘은 출생의 경험이 중요하다는 인식이 생기면서, 수중 출산이라든지, 자연주의 출산을 선택하는 부모들이 많아졌지만, 우리 대부분의 출생은 재앙 영화의 한 장면과 같이 끔찍한 장면으로 시작되었습니다.

엄마에게 진통을 만들어서 엄마 배 속에서 빨리 나오지 않는 아이는 탄생의 순간부터 엄마를 괴롭히는 나쁜 아이가 되어 죄의식을 갖게 합니다. 아기는 수축되며 떨리는 아주 어둡고 긴 벽의 터널을 뚫고 지나 미지의 끝으로 이동하게 됩니다. 그런 후 누군가 자신을 세게 잡아당기고, 결국 밖으로 끌려 나와 탯줄이 잘리고 또 엉덩이를 한대 얻어맞게 됩니다. 차갑고 낯선 환경에서, 세상에서의 첫 호흡을 아주 차가운 공기를 억지로 들이마시는 것으로 시작합니다. 그러나 이것은 출산이 아주 순조롭게 진행될 때의 이야기입니다. 심지어 하루 종일 터널에 갇힐 수 있고, 태어나면서 죽을 뻔한 고비를 겪기도 합니다. 출산 과정에 발생되는 복잡한 다른 문제도 수십 가지에 이르게 됩니다.

우리는 내가 태어났던 그 순간, 엄마와 함께했던 임신과 출산의 경험을 다시 할 수는 없지만, 엄마가 나를 임신했을 때의 가정 환경, 그리고 내가 출산을 경험할 때 무의식중에 느꼈던 마음이 우리의 삶에 어떤 영향을 미치고 있는 것은 아닌지 고민해 볼 필요는 있습니다. 저 역시도 엄마 배 속 트라우마를 경험한 사람으로서 엄마가 저를 임신하고 출산하는 과정이 결코 행복하지 않았기 때문에 미숙아로 태어나는 경험을 했습니다. 태어나자마자 생명의 위협을 크게 느꼈고, 그것이 트라우마가 되어 태아 때 겪었던 감정들이 마음속에 뿌리 깊게 남아 있었습니다. 그렇지만, 나의 출산과 탄생 이전의 모습을 기억하지 못했으므로 저는 이때의 기억이 제 삶 전체를 지배하고 있다는 사실을 30년이 훌쩍 지난 뒤에야 알게 되었습니다.

3) 성장기의 좌절

성장기에 나는 사랑받지 못하는 존재라는 생각을 심어주는 사건을 마주하게 되면, 그 사건에서 느꼈던 무기력감, 죄책감, 두려움 등은 삶을 통해 끊임없이 드러나게 됩니다. 우리의 삶에 나타난 일들을 우리는 과거의 경험의 잔재인 기억을 통해 재생하게 되고, 그때 당시에 받았던 기분과 느낌으로 현재를 판단하게 됩니다. 사실 어린 시절에 부모의 잦은 싸움으로 인한 트라우마, 혹은 이혼, 교통사고와 같은 아주 큰 사건을 통해, 가슴속에 큰 상처를 겪게 되면 그때 느꼈던 감정은 내 삶에 핵심 신념으로 자리잡게 됩니다.

우리 주위를 살펴보면 사랑받지 못한 환경에서 태어나는 사람들이 많다는 것을 알 수 있습니다. 온 가족의 사랑을 받고 포근하고 행복한 가정에서 태어나서 이 이야기가 본인에게 해당되는 이야기가 아니라도 잠시 동안 이 문제에 대하여 고민해 볼 필요는 있습니다. 아이들이 축복받지 못하는 환경에 태어나는 경우는 아직 우리 주변에 흔히 볼 수 있습니다. 아이를 낳자마자 쓰레기 더미에 버리는 부모들, 부모와 함께 살면서도 폭력적인 가정에서 크는 아이들도 수백 명일 것입니다.

부모가 나에겐 폭력적이지 않더라도, 매일 부모가 집안에서 서로 싸우는 모습을 보면서, 불안한 심리 상태를 겪는 아이들도 많을 것입니다. 부모가 싸우는 모습을 자주 보면, 나는 이 집안에 쓸모없는 존재이며, 내가 부모에게 짐이 된다는 생각을 아이는 자연스럽게 하게 됩니다. 아주 어린 영유아 시절부터 청소년기까지의 아이들은 부모가 아니면 자신의 삶을 스스로 해결해

나갈 수 없기 때문에, 주변 환경에 쉽게 영향을 받게 됩니다. 어린 시절부터 주변 사람으로부터 폭력적인 단어, 행동 몸짓을 목격하게 되면 자신들은 사랑받지 못할 존재라는 신념을 무의식에 뿌리내리게 됩니다.

4) 죄책감을 느끼는 성장기

성장기의 아이가 저지르는 실수 중 하나는 본인에게 발생하는 일들에 대해 자책하는 것입니다. 특히 어린 시절 경제적 어려움을 겪거나 경제적 어려움이 없더라도, 부모가 집에 없고 항상 바쁜 경우라면, 엄마는 나보다 더 소중한 것이 있다고 믿게 됩니다. 그런데 부모가 '너 먹여 살리려고 이렇게 힘들게 일한다.', '너만 아니면 내가 돈 벌 이유가 없다.'는 등의 말을 아이에게 자주 한다면, 그건 아이에겐 사형 선고나 다르지 않습니다.

아이의 의식 중에는 나는 부모를 귀찮고 힘들게 하는 사람이라는 무의식이 자리잡습니다. 일터에서 힘들게 일하고 돌아와 분주하게 집안일을 하는 엄마, 나의 하루나 나의 속상한 이야기엔 무관심한 엄마의 표정에서 아이는 자신이 가치가 없다고 느끼게 됩니다. 부모 입장에서는 아이에게 더 나은 환경을 제공하고 싶어서 열심히 살았지만, 어린 시절부터 감정을 거부당했다고 느낀 아이는 자책을 하고, 집에서 부모님이 돈 문제나 양육 문제로 싸우기라도 하면 모든 일이 자신의 탓이라 생각하게 됩니다.

어린 시절 사랑받는 환경에서 태어났다 하더라도 아이의 예민한 눈과 귀는 부모님의 사랑 속에 섞여 있는 부정적 감정들을 집어냅니다. 아이가 말을 하지 못하고 표현하는 것이 서툴수록 아이는 육감이 발달함으로, 부모의 부정적인 감정을 바로 느낄 수 있습니다. 암묵적으로 부모가 은근히 표출하는 분노, 두려움, 슬픔, 불만 등을 아이는 느끼게 되고 이 모든 일의 원인 제공은 자신이라고 생각합니다.

이런 경험을 어린 시절에 하게 되면, 아이는 부모의 관심과 사랑이 필요해서 삐뚤어지는 문제 학생이 되거나, 반대로 순종하는 착한 아이가 됩니다. 전자의 경우 오히려 더 좋습니다. 감정을 발산하고 나면 오히려 문제는 해결되기 마련이니까요. 그러나 부모에게 짐이 되고 부모의 말을 듣지 않으면 집에서 쫓겨날 것이라 생각하는 아이들은, 집에서 숨죽여 살며 문제를 일으키지 않고 착하게 살려고 노력하며 살게 됩니다.

결국 그때 겪었던 심리적 불안, 공포, 죄책감 등은 성인이 되어 사회생활, 결혼생활, 아이를 기르면서 등에 문제로 퍼져나가게 됩니다. 어린 시절 부모가 이혼하거나, 혹은 나를 양육하면서 벌어지는 문제들로 싸우는 장면을 목격하게 되면 마음에 균열이 생기게 되고, 이때 받았던 심리적 고통을 치유하지 않으면 성인이 되서도 제대로 된 사랑을 줄 수도 받을 수도 없게 됩니다.

5) 감정을 부정당한 기억

출생 시와 유년기에 우리가 사랑받지 못했다는 사실을 잊어버릴 수 있는 충분한 기회가 우리의 성장 과정엔 있었습니다. 하지만 자라면서 주변 사람들과 나누는 대화 때문에 우리는 조건 없이 자신을 사랑해야 한다는 사실을 잊어버리게 됩니다. 어릴 때 우리가 겪는 가장 큰 고통은 만나는 사람마다 아이의 감정을 표현하지 못하도록 말린다는 것입니다. 우리는 어릴 때 겁을 먹고 두려워하면 '겁먹지 마'라는 말을 듣습니다. 슬플 땐 '울지 마'라고 듣고 힘들 때는 '힘내'라는 말을 듣게 됩니다.

마음이 떨리고 긴장되는 순간 '침착해'라는 말을 듣고, 너무 기뻐해도 '흥분하지 마'라는 말을 들으며 모든 감정을 부정당하게 됩니다. 물론 말하는 사람들은 아이가 더 좋은 선택을 하도록 도움을 주려고 했던 말이지만, 우리는 그럼 감정을 느끼는 것을 통해 자신만의 경험을 할 수 있는 기회를 잃게 돼버립니다.

그 영향으로 우리는 스스로 겪는 경험에 대해서 무엇인가 문제가 있다고 생각하게 되고 두려움, 슬픔, 외로움, 흥분 등과 같은 감정을 수용하고 포용하는 것이 아니라 억눌러야 한다고 무의식중에 배우게 됩니다. 슬픈 건 그저 슬플 수 있는 것이고 두려움도 그저 두려울 수 있다는 사실을 모르고 살아갑니다. 하지만 우리는 이때 무의식적으로 받아들인 감정을 부정당한 기억 때문에 우리는 나답게 살기를 포기하고 특정 상황에서 해결책을 찾을 때 내면을 들여다보지 않고 외부를 둘러보는 습관을 갖게 되었습니다.

　내 마음은 슬프지만 사람들이 좋아하지 않는 모습이니 한껏 진하게 메이크업을 하고 웃는 모습으로 소셜미디어에 행복하다고 표현하고, 사람들의 '좋아요'를 갈구하게 됩니다. 왜 마음이 우울한지, 답답한지, 속상한지, 지금 내 문제가 어디서부터 어떻게 온 것인지 찾기를 포기하고, 타인의 사랑과 인정을 갈구하고 그것을 얻기만 한다면 문제가 해결된다고 믿었기 때문입니다. 인정받고 사랑받기 위해서 외부에 사람들이 원하는 이상을 정해두고, 부모를 기쁘게 하기 위해 착한 아이가 되고, 그 착한 아이는 어른이 되어 회사에 알맞은 부품이 되기 위해 자신이 원하지도 않은 희생을 자처하게 됩니다.

　가면 인생은 언젠가는 들통이 나기 마련입니다. 아무리 가면을 쓰고 리얼한 연기를 펼쳐도 내부에 억눌린 감정들은 먼 훗날 어떤 형태로든 나타나게 되어 있습니다. 한 번이라도 감정을 깊게 부정당한 기억이 있다면 이미 무의식 안에 나는 사랑받을 가치가 없는 인간이라는 무의식이 새겨져 있으므로 어떤 선택을 해도 결과적으로는 타인의 인정과 사랑을 지속적으로 갈구해야 할 것입니다.

⑥ 무의식적 사고 패턴

태아 시절부터 출생과 유년 시절에 완성된 무의식이 아니더라도, 우리는 성장하면서 다양한 사건을 통한 경험, 혹은 미디어를 통해 여러 가지 무의식적 사고 패턴을 다운로드하게 됩니다. 예컨대 자주 보는 드라마에서 남자 주인공이 술을 한잔하면서 '캬!~' 소리와 함께 '아, 스트레스 풀린다!'라는 말을 하게 되면 우리의 뇌는 '술=스트레스 해소제'라는 생각을 하게 됩니다. 그래서 드라마를 볼 때마다 무의식적으로 한두 잔씩 했던 술이, 스트레스만 받게 되면 '역시 술을 마셔야 스트레스가 풀려!'라고 생각하게 됩니다.

TV에서 자주 보이는 광고나 CM송도 우리의 이런 무의식적 사고 패턴을 하게 만들기 위해 짧고 반복적인 메시지를 무의식에 새기도록 만드는 것입니다. 예를 들면 '공무원 시험 합격은 에듀윌'이라는 광고는, 우리가 공무원 시험을 생각할 때 다른 여러 학원이 있어도 바로 에듀윌이라는 학원을 생각하게끔 우리 무의식에 최면을 건 것입니다. 내가 원하지 않았더라도 지속적으로 듣게 되면 그 생각은 무의식에 새기게 되고, 상황이 나타나면 자동 반사적으로 튀어 나오게 되는 것입니다.

특히 이런 무의식적 사고 패턴은 내가 존경하는 사람이나, 내가 사랑하는 사람 혹은 나를 응원하고 지지해 주는 사람이 한 말일수록 무의식적 회로가 크게 열리며 판단 없이 받아들이게 됩니다. 그래서 공부에 크게 관심 없던 학생이 특정 스타의 팬이 되어 자기가 좋아하는 스타가 '수능을 만점 받게 되면 같이 밥을 먹어주겠다'라는 말 한마디에, 열심히 공부해 수능 만점을 받기도 합니다.

우리의 삶 대부분은 무의식적으로 살아가기 때문에 주변 환경에 최면이 걸린 것처럼 살아가게 됩니다. 한 번도 삶에 의문을 품어보지 않은 사람들은 마치 지금의 삶이 영원하고, 앞으로도 변하지 않을 것처럼 모든 삶에 순응하며 그렇게 살아갑니다. 그래서 오히려 안락한 인생보다는 살면서 태풍이나 눈보라가 한 번쯤 밀려오면 나는 외부 환경으로부터 살아남는 연습을 통해 삶을 바꿔볼 기회를 가지게 되는 것입니다.

7) 회색 인간을 강요하는 사회

우리나라는 부모로부터, 부모의 부모로부터, 옛 조상들로부터 항상 예의를 갖춰야 한다고 교육받았습니다. 그래서 예의를 갖추기 위해 한 개인의 창의성이나 아이디어는 다수의 좋은 분위기를 위해 늘 무시당했고 튀면 안 된다, 무난한 게 좋은 것이라고 어른들로부터 무의식중에 교육받았습니다. 사회에서 살아남기 위해 회식 자리가 싫어도 참고 참여하고, 상사가 낸 의견이 불만족스럽지만 예스맨이 되어야 했고, 부당한 일에도 싫다고 말하지 못하도록 강요당했습니다. 그래서 자신의 의견을 내거나 모든 사람들이 '예스'라고 말할 때 '노'라고 말하는 사람은 이상한 사람, 사회에 적응하지 못하는 부적

응자, 사회에서 사랑받지 못하고, 매장당할 수도 있는 사람이라는 생각이 무의식에 뿌리박히게 되어, 우리는 늘 회색 인간을 자처했습니다.

하지만 사실 남들과 다른 나만의 특징, 설령 그것이 단점처럼 보일지라도, 나의 강점이 될 수 있습니다. 내가 특정 어떤 분야를 사랑하고, 내 취향을 드러내고, 진지하게 어떤 것을 좋아하면, 사람들은 놀리기 시작합니다. 그래서 우리는 조금 더 무난하게, 조금 더 특색 없게 나를 포장하기 시작하는 것입니다.

하지만 내가 남들과 다르고 특정 분야에 조금 더 과잉된 모습은 뒤집어 보면 나만이 가진 나의 특징이나 나의 강점과 연결이 되는 경우가 많습니다. 많이 먹고 잘 먹으면 과거엔 돼지라 놀렸지만, 요즘은 잘 먹는 것 하나가 직업이 될 수 있는 시대가 열렸습니다. 어릴 땐 감수성이 예민하고 남자인데도 드라마를 보고 잘 울었던 남성은, 학창 시절 다른 사람들 눈에는 조금 찌질하게 비쳐줬을지 몰라도 여자 마음을 누구보다도 잘 헤아리는 드라마 작가가 될 수도 있다는 이야기입니다.

적당하고 무난한 사람은 어디선가 꼭 필요한 존재가 되기 힘듭니다. 어디서든 있어도 그만, 없어도 그만인 존재가 될 수도 있지만, 타인과 월등히 다른 특징과 매력을 가진 사람은 어디서도 필요로 한 존재가 됩니다. 저 역시도 또래 친구들보다 많은 부를 급작스럽게 누려보기도 하고, 훨씬 더 깊고 오랜 기간 우울한 경험을 했기에 내 삶이 궁금해서 마음을 공부하기 시작했습니다. 그 시작은 나의 부모에게도 고백하기 어려웠던 감정들이었지만, 결국 제가 가진 취약점을 통해 저는 누구보다도 저와 세상을 깊게 이해하게 되었습니다.

8) 금기시되는 자기애

돌이켜보면 우리는 자신을 사랑하는 법을 알았습니다. 어떤 것을 사랑한다는 것은 어쩌면 인간의 타고난 본성이기에, 우리는 태어날 때부터 나 자신이 너무 소중하고 아름다운 존재라는 걸 알고 태어났습니다. 하지만 위에서 말했던 여러 경험들로 우리는 자기 자신을 사랑할 기회들을 놓치고 살았습니다. 그뿐만 아니라 어디 가서 '나는 나를 너무 사랑해요!'라고 말하면 겸손하지 못하다거나, 유별난 애라는 소리를 듣게 되니 우리는 나를 사랑하는 것을 부끄러워하게 되었고, 나를 사랑하는 것에 대해 수치심을 느끼도록 만들어왔습니다. 나를 사랑한다고 말하는 사람들은 나르시시즘이 심한 정신적으로 무언가 문제가 있는 사람들이라고 치부하기 일쑤였습니다.

그런데 우리 자신은 내가 어떤 상태이더라도 우리 자신을 그저 존재 자체로 사랑할 수 있습니다. 내가 부자가 아니더라도, 사회가 강요하는 아름다운 외모나 몸매를 갖지 않아도, 나의 커리어가 박살이 난 상황에서도 우리는 우리 자신 그대로를 온전히 사랑할 권리가 우리에게 있습니다. 곰곰이 생각해

보세요. 내가 이러든 저러든 사랑하지 않을 이유가 없습니다. 무능하고 살만 뒤룩뒤룩 찐 나를 사랑하게 돼버려도 아무 일이 일어나지 않습니다. 모아둔 돈이 없고 가진 건 빚뿐인 나도 사랑해도 괜찮습니다.

왜 안 되나요? 이 모든 것은 어린 시절부터 무의식에 이런 사람은 가치 없고, 모자라고 무시당해도 되고, 이런 사람들은 존경하거나 사랑해선 안 된다고 미디어와 부모로부터 은연중에 배운 무의식에 각인된 생각 때문에, 우리는 타인에게도 그렇게 대하지만, 나 자신조차도 용납할 수 없는 지경에 이르게 됩니다. 우리는 어떤 이유에서건, 무슨 사연이 있던, 나 자신만은 나를 아끼고 사랑할 이유가 있습니다. 하지만 우리는 세상을 있는 그대로 보지 못했습니다. 이 모든 것은 내가 생존에 불리해질까 봐, 그대로 나를 사랑하게 되면, 세상으로부터 낙오될까 봐 나를 제대로 사랑하지 못했습니다.

내 마음속에서는 나 자신에게 줄 사랑이 없다고 생각하고, 우리는 늘 다른 사람으로부터 사랑을 갈구했습니다. 우리는 우리 스스로에게 사랑을 줄 수 있습니다. 내가 나를 사랑하기만 한다면 우리는 사랑을 따로 찾을 필요도, 또 이 사랑이 사라질까 봐 전전긍긍하며 다른 사랑을 찾지 않아도 됩니다. 우리가 삶에서 유일하게 변화시킬 수 있는 것이라면, 나에 대한 온전한 허용인 나를 사랑하는 것입니다.

02

사랑하거나 두려워하거나

- 고통을 통해 진짜 행복을 볼 수 있습니다

이제까지 인내심을 가지고 책을 읽으셨다면, 아마 눈치채셨을 것입니다. 우리가 삶을 살아가는 방식은 바로 사랑 앞에 서 있느냐, 두려움 앞에 서 있느냐, 이 두 가지뿐입니다. 우리가 물체를 제대로 보고 인지하려면, 빛과 어둠이 있어야 합니다. 저는 미대를 가기로 결심하고 처음 미술 학원을 갔을 때 배운 것 중에 하나가 소묘입니다. 4B연필 하나로 평면인 도화지에 3D 입체처럼 보이게끔 사물을 그리는 방법을 배웁니다. 4B연필 한 자루를 가지고 밝음부터 어둠까지 표현하는 연습을 합니다. 아주 진한 어둠부터 아주 밝은 어둠까지 비슷비슷한 회색 톤이지만 미묘한 차이를 내며 10단계 명암을 표현해 내면,

그다음 배우는 것이 정육면체의 석고상이나 동그란 구(球) 석고를 보고 그것을 있는 그대로 표현하는 법을 배웁니다.

하얀 구(球)를 2D인 도화지에 3차원의 3D처럼 보이게끔 그려내는 것입니다. 기본 스케치를 마치고 나면 가장 먼저 하는 것이 어둠과 그림자를 먼저 칠합니다. 어둠이 얼마나 어두운 정도인지, 그림자 크기는 얼마인지 정도를 정하고 나서야, 사물이 3D 입체처럼 보이기 시작하기 때문입니다. 평면에 3D처럼 그림을 그릴 때는 결코 밝음부터 표현하지 않습니다.

어둠이 얼마 정도의 어둠인지 기준이 잡히기만 하면 밝음이 자연스럽게 드러나게 되므로 어떤 그림이든 어둠과 그림자를 표현하는 것부터 시작합니다. 어둠의 명암을 단계적으로 잘 표현해주면 밝음은 칠하지 않아도 그저 드러나는 것이 됩니다. 상대적으로 어두운 면이 밝은 면을 돋보이게 해주기 때문입니다. 밝음은 어둠을 통해 상대적으로 드러나는 것이지 밝음을 먼저 칠해서 어둠을 만들어 내기는 어렵습니다. 어둠의 기준이 없이 밝음을 칠하다 보면 도화지에 입체는 표현되지 않고 밝게 남아 있어야 할 곳이 어두워져 버려 밝음이 사라져 버리게 됩니다.

우리가 삶에서 입체처럼 생생하게 느끼는 것은 우리의 오감과 빛과 어둠이 공존하기 때문에 어떤 물체나 사람이 보인다고 알아차리게 됩니다. 아무런 조명 없는 극장 안에서 하나의 핀 라이트가 켜지기 전까진 무대 위에 어떤 배우가 올라왔는지 우리는 알아차리기 어렵습니다. 비로소 밝은 빛이 들어와 빛과 어둠 그리고 그림자가 공존함으로 인해 우리는 물체를 인식하게 됩니다. 이렇듯 우리는 우리 삶에 나타난 어둠은 나쁜 것이 아닙니다. 어둠은 밝은 빛을 돋보이게 하고, 삶을 더 생생하게 만드는 것들입니다.

삶에 어두움만 있다면, 우리는 무엇이 밝음인지 모를 것입니다. 선과 악이 존재하는 이유도, 악한 사람이 있기에 선한 내가 비로소 드러나게 됩니다. 세상에 나타난 모든 상대적인 것들은 사실 둘로 나눌 수 없는 하나입니다. 각기 다른 상반되는 두 존재가 있기에 상대적으로 서로를 비추며 그것들이 존재하게 합니다. 부유한 내가 있기에 가난한 내가 있다는 것을 알게 됩니다.

이 두 가지 상반된 감정들은 실제는 좋고 나쁨으로 구분 지을 수 있는 것이 아니라 우리의 삶을 통해 상대적인 감각으로 드러나 내가 살아가는 이 시공간을 더욱 생생하게 만드는 역할을 합니다. 아침이 있어 밝은 하늘의 어여쁜 구름이 얼마나 귀엽고 사랑스러운지, 밤이 있고 어둠이 있어야 보이는 밤하늘의 별이 왜 이렇게 반짝이는지 우리는 빛과 어둠을 통해 비로소 알게 됩니다. 해가 뜨고, 밤이 깊어지고, 봄이 오고 가을이 오고, 비 온 뒤 맑음이 되는 날씨처럼 우리의 삶은 어떤 특정한 고정불변의 상태로 존재하기는 불가능합니다.

우리의 삶을 이루는 모든 것들은 이렇게 밝음과 어둠, 기쁨과 행복이 이원성으로 돌아가며 상대적으로 다른 한 면을 비추기 때문에 우리는 그 두 가지를 바라보면서 내가 진짜로 내가 선택하고 싶은 삶이 무엇인지 알게 됩니다. 사실 이것들은 손바닥과 손등, 동전의 앞뒷면과 다르지 않습니다. 그저 겨울 다음에 봄이 오듯 특정 기간에 어떤 면을 비출 뿐입니다. 손바닥만 손이라고 하고 손등은 손이 아니라고 말할 수 없듯, 동전의 그림 부분만 동전이고 숫자로 표기된 부분은 동전이 아니라고 말할 수 없는 것처럼, 세상에 나타난 모든 것들은 양면을 지닌 하나의 모습인 것입니다.

어딘가 불만족스러운 나, 마음에 들지 않는 내가 있다면 분명히 어느 트랙에는 사랑스러운 나도 있습니다. 가난하고 못생긴 나의 이면엔, 부자이면서 예쁜 나도 있는 것입니다. 아직 발견되지 않아 보이지 않을 뿐입니다. 겨울이 지나면 봄이 오는 것처럼 우리 삶 안에 분명 그 트랙이 존재합니다. 다만 우리의 무의식이 고정된 생각과 관념이 그것이 없다고 믿고 있을 뿐입니다.

- 인생의 어둠을 밝히는 단 하나의 불빛, 사랑

우리가 삶에서 힘든 일을 겪고, 어둠의 터널을 걷게 되면 어디가 출구인지 몰라 헤매게 됩니다. 한 치 앞도 보이지 않는 어둠의 터널에 있다면, 그 터널 안에서 우리가 꺼내야 할 것은 사랑의 불빛입니다. 두려운 나를 더 큰 두려움으로 몰아 지하 28층쯤에 처박아 두는 것이 문제 해결책이 아니라, 내 안에 마음만 먹으면 언제나 꺼낼 수 있는 따뜻한 사랑의 난로를 켜는 것입니다. 따뜻한 온기를 품은 사랑의 난로를 켜기만 한다면, 나는 길고 긴 어둠의 터널을 그 따스한 온기와 불빛에 의지해 걸어 나갈 수 있습니다. 나를 미워하는 마음은 결코 사랑의 불빛을 켤 수 없습니다. 사랑의 난로를 켜는 방법은 조건 없이 나를 있는 그대로 바라볼 때 자연스럽게 가슴에서 피어나는 에너지입니다. 우리는 사랑을 하게 되면 못할 것이 없게 됩니다.

사랑의 위대함은 부모에게서 가장 많이 발견할 수 있습니다. 자신도 힘들지만 아이를 위해서라면 자신의 것을 기꺼이 포기하며 희생을 감내하며 살아가는 것이 부모입니다. 부모가 배움이 짧아 공부에 대한 한이 있다면, 그 부모는 그 어떤 힘든 육체적 노동을 마다하지 않고 자식의 학비를 벌기 위해 자신의 뼈를 갈아 일을 합니다. 자식의 행복을 위해서라면 부모는 그것을 해낼 수 있습니다. 주말 내내 세수도 안 하고 양푼에 밥을 비벼 먹고 있다가도 좋아하는 남자친구가 나오라고 하면 우리는 없던 에너지를 끌어서 순식간에 단장을 마치고 나갈 수 있습니다. 자신에게는 인색하게 돈을 쓰다가도, 좋아하는 연예인이 음반을 내고 공연을 한다면 몇십에서 몇백까지 돈을 척척 쓰는 것이 사랑의 힘입니다.

우리는 종종 뉴스에서 도둑을 맨손으로 잡고, 길가에 쓰러진 생명을 살리고, 화재 현장에 맨몸으로 들어가 사람을 구하는 의인들의 이야기를 듣습니다. 그들을 그곳으로 달려가게 하는 이유는 사랑의 힘입니다. 타인을 돕고 싶다는 인간의 본성이 무의식중에 그런 행동을 할 수 있는 에너지를 만들어 내는 것입니다. 왜냐면 타인에게 사랑을 베푸는 자신이 더 행복하기 때문입니다. 사랑의 에너지는 행복을 만듭니다. 그것은 받을 때 큰 힘을 발휘하는 게 아니라 내가 누군가에게 줄 때 더 큰 에너지를 만듭니다. 곰곰이 생각해 보세요. 누군가를 위해 선물을 준비하고 그 사람을 기쁘게 한다는 생각에 준비하는 기간, 선물을 받고 행복해하는 모습은, 내가 선물을 받을 때보다 훨씬 더 행복합니다.

제가 사랑이 전부라는 말을 하면 제 주변에 대다수의 사람들이 이런 말을 합니다. '사랑이 대수냐고요?', '사랑이 밥을 주냐고요?' 나를 사랑하고 명상을 하고 나를 되돌아볼 시간적 여유가 있다면, 그 시간에 돈을 더 벌고, 공부를 더 하는 게 생존에 더 이롭다고 생각합니다. 현실적으론 그렇게 보일 수도 있습니다. 하지만 누구보다도 열심히 일했고 삶에 최선을 다했지만 내가 노력한 만큼 대가가 돌아오지 않을 때를 우리는 삶의 전반에서 많이 발견하게 됩니다. 누구보다도 실력이 좋은 아티스트이지만 빛을 발하지 못하고, 잠도 안 자면서 일을 하는데도 계속 빚만 쌓이게 됩니다. 최선을 다해서 열심히 살면 행복해야 하는데 그렇지 않을 때가 있습니다. 이 모든 마음의 바탕에는 사랑이 없이 생존에 대한 두려움으로 살아가기 때문입니다.

우리는 지구에 사는 다른 생명체들과 다르게, 내가 원하는 대로 내 삶을 꾸려갈 자유의지가 있습니다. 삶이라는 운명의 희생양이 아니라, 나에게 주어진 운명도 거스를 수 있는 것이 사랑의 힘입니다. 사랑은 모든 것을 할 수 있게 하는 용기의 원천입니다. 사랑은 우리가 생각하는 두려움도 이길 수 있도록 해줍니다. 아무리 힘들고 어려운 상황이라도 나를 진심으로 사랑하는 누군가가 나를 응원하고 있다고 생각하면 우리는 포기하지 않는 힘을 얻게 됩니다. 내가 나를 믿고, 나를 의지하며, 나를 칭찬하고, 나에게 매순간 응원한다면 우리는 두려움에서 사랑의 트랙으로 나의 에너지를 이동시킬 수 있습니다.

지금 내가 하는 일이 잘 풀리지 않고, 원하는 일이 뜻대로 되지 않는다면, 그것이 밥벌이든, 연애든, 임신이든, 질병이든 내가 원하는 대로 안 풀리는 대부분의 이유는 그 안에서 내가 사랑 앞에 서 있는 것이 아니라, 생존의 두려움 앞에 서 있기 때문입니다. 성경에 이런 말이 있습니다. 믿음, 소망 그리고 사랑, 그중에 제일은 사랑이라는 말이 그냥 있는 말이 아닙니다. 믿음, 소망을 뛰어넘는 것이 사랑입니다. 우리는 우리 안에 진정한 사랑, 그 사랑의 믿음으로 걸어 나갈 때, 우리는 나의 삶을 가장 행복하고 안전한 곳으로 인도할 수 있습니다.

사랑의 진짜 이름,
분별없음

- 호불호가 삶에 계속된다면 행복은 가질 수 없습니다

마음을 들여다보면 순식간에 무의식적 판단과 생각들이 나의 의식을 덮친다는 사실을 알게 됩니다. 분명 머리로는 '맞아, 난 날 사랑할 거야.'라고 다짐하지만, 우리는 우리 부모가 나에게 했던 것처럼, 세상 사람들이 날 대했던 것처럼, 늘 하루 중 어떤 부분은 못마땅한 나를 발견하게 됩니다. 저는 제 내면 안에 깊숙한 곳에 잠재된 내면아이를 꺼내어 보기 전까진 저 자신과 세상을 사랑하는 사람인 줄 알았습니다.

하지만 저는 마음공부를 하며 나를 치유하면서 엄마 배 속에 있던 시절의 상처받은 어린아이를 만났고 그 아이를 있는 그대로 존중하기까지 참 많은 시간이 걸렸습니다. 우울한 아이가 알아 달라고 보채면 그 감정을 돌보지 않았습니다. 감정이 눈덩이처럼 커져서 내면의 아이가 돼버린 친구에게 화를 냈습니다. 제가 저 자신에게 대하는 모든 행동은 놀랍게도 부모가 저에게 다 그치면서 했던 행동과 늘 같았습니다. '넌 왜 이렇게 매사에 부정적이니?', '넌 왜 남들처럼 행복하게 살지 못하는 거야?'라고 말입니다.

저는 항상 외부에 무엇이 드러나면 내가 행복해질 것이라고 배워왔기에, 이렇게 상황이 맘에 들지 않는데 어떻게 좋은 감정을 만들어 낼 수 있는지 그게 어려웠습니다. 습관화된 부정적 마음에 깊게 빠진 걸 알면서도 그 수렁에서 어떻게 나올지 몰라 거기에 오랫동안 머물렀습니다. 시간이 지날수록 부정적인 나의 모습, 지금 우울한 나의 모습의 뒷면엔 상대적으로 밝고 행복한 내가 있기에 존재한다는 사실을 알고, 나는 나의 있는 모습 그대로 받아들이기 시작하셨습니다. 어차피 손바닥과 손등이 손의 양면인 것처럼 두 감정은 하나의 몸을 이루고 있는데, 만약 손바닥이 긍정이라면, 손등이 부정일까요? 어차피 하나의 손인 것을 생각하면, 어느 쪽이냐가 중요하진 않습니다.

그래서 마음속에 울고 있는 어린 시절에 상처받았던 그 어린아이를 누구도 아닌 내가 있는 그대로 사랑해주기로 마음먹었습니다. 언제나 무의식으로 나오는 '걱정하지 말아야지.', '긍정적으로 생각해야지.' 하는 그 말을 바꿨습니다. '두려워해도 돼, 괜찮아.', '더 충분히 슬퍼해도 돼, 괜찮아.'라고 말입니다. 더 이상 스스로를 다그치지 않으면서 저는 사랑의 참의미를 알게 되었습니다. 사랑은 좋은 것을 주고, 예쁘다 말해주고, 칭찬해주는 것이 아니었습니다. 어떤 특별한 연인 간의 불꽃 튀는 감정도 아니었습니다. 사랑의 참 이름은 〈분별하지 않음〉이었습니다. 이것이 좋고 저것이 나쁘다, 이렇게 둘로 나누지 않고, 나의 모든 면을 그럴 수 있다고 온전히 이해하는 것, 모든 면을 내 삶에 나타나도록 허용하는 것이었습니다.

- 사랑도 연습이 필요합니다

이런 사유 과정을 통해 진짜 사랑의 의미를 깨우치고, 나를 있는 그대로 온전히 사랑하기로 수백 번 다짐했지만 늘 습관화된 마음이 의지를 이기곤 했습니다. 하루 종일 타인과 나를 외부의 세상의 무엇과 나를 지속적으로 비교하고 한참을 우울해하다가, 하루 끝쯤에 '아, 맞다, 나는 나를 아무런 조건 없이 사랑하기로 했었지!'라고 깨우치곤 했습니다. 그렇게 고도의 알고리즘으로 습관화된 마음을 고치려고 반복적이고 지속적으로, 꾸준하게 내면의 목소리의 입력 값을 바꿔갔습니다.

안 괜찮다는 마음의 소리가 들리면 그럴 수 있다고 말해주었습니다. 그 아이가 슬퍼하면 충분히 슬퍼할 수 있도록 도와줬습니다. 나의 마음의 소리를 의식적으로 깨어 있으면서 듣기 시작하자, 나를 깊게 이해하거나 포용하긴 힘들어도, 자책하거나 스스로를 지속적으로 비난하는 마음을 점점 멈추게 되었습니다. 그렇게 비난하는 마음을 멈추고 사건과 감정을 분리해서 바라보니, 나의 상처들이 드디어 보이기 시작했습니다. '그 내면에 있는 상처 받은 아이가 내가 정말 사랑하는 연인이라면, 나의 반려견이라면, 그 아이가 나의 실제 아이라면, 나는 그 아이를 어떻게 대했을까?' 하고 물어봤습니다. '왜 아직도 그것밖에 못했어?' 라는 말 대신, '분명 방법이 있을 거야. 우리 함께 찾아보자'라는 희망적인 말과 용기가 그 친구를 더 행복하게 해줄 거란 생각이 들었습니다.

사실 친구가 나에게 힘들고 어려운 이야길 꺼내면 우리는 아무리 객관적으로 친구가 잘못한 것처럼 보여도, 나의 친구의 말에 동의하면서 같이 상대의 욕을 실컷 해주기도 하고, 힘들어하는 친구를 위해 밥도 사주고 힘내라고 위로를 하곤 합니다. 내 일도 아니지만 내 일처럼 나서서 나의 친구를 위로하지만, 우리는 자기 자신에게는 더 냉철한 평가를 하기 일쑤입니다.

전 언제나 내면의 어린아이가 슬퍼하면 다그치기 바빴습니다. 살면서 우리는 슬프면, 힘들면, 우울하면 충분히 힘들어해도 괜찮다는 말을 들어보지 못했기 때문입니다. 내면의 우울한 마음을 조금 다스리고, 스스로 생각해 보고 마음이 풀릴 잠깐의 여유도 주지 않았습니다. 네가 자꾸 그렇게 우울해하면 너를 포기할 것이라고, 그냥 죽을 것이라고 매순간 엄포를 놓았습니다. 내면의 어린아이는 저에게 협박을 받는 동안 어떤 마음이었을지 상상해보았습니다. 저랑 사는 매순간이 사는 것이 전쟁이었을 것입니다. 항상 스스로에게 가혹했습니다. 제 스스로에게 제가 가혹하니 제가 살아가는 현실도 점점 가혹해졌습니다.

하지만 전 제 내면아이를 사랑하기로 결심했고, 그 조건은 언제나 분별없음이었습니다. 늘 외부에서 인정받고 사랑받으려고 애썼던 모든 노력들을 내려놓았습니다. 개인 소셜미디어 활동도 하지 않았고, 인간관계가 끊겨버리면 외로워질까 봐 의미 없이 만났던 모든 만남도 내려놓았습니다. 사랑하지 않았던 연인과 이별을 고하고, 한마디도 하지 않는 단톡방이지만, 좋은 정보를 놓치게 될까 봐 나오지 못했던 모든 단톡방들을 나오기 시작했습니다. 휴대폰 속에 2-3년간 연락도 안 하던 모든 번호들을 지웠고, 저는 저 자신에게 오롯이 집중하기로 마음먹었습니다.

외부에 최악처럼 보이는 모든 상황은 내면의 나와 진심으로 화해하면 해결될 거라 믿었기에 신경 쓰지 않았습니다. 조금 더 솔직히 말하면 신경 쓰지 않으려고 노력했습니다. 외부 상황보다는 내면의 나를 돌보는데 더 많은 시간을 투자했습니다. 처음에는 상처 받은 그 기억들이 잘 떠오르지 않았습니다. 너무나 싫고 두려웠던 경험이라 다시는 기억하고 싶지 않아서 마음속 어디에 그렇게 눌러놨는지, 분명 아파했던 기억은 있지만 당시의 모습이 잘 그려지지 않았습니다. 또한 과거의 나의 아픔은 현재의 나에게도 너무나 수치스럽고 기억하고 싶지 않은 기억이라. 내가 과거의 기억을 떠올리려고 할 때마다 꼭 중요한 일을 만들거나, 졸리게 하거나 스마트폰을 만지게 하는 등으로 나의 표면의식은 나의 무의식 안으로 접근하는 것을 막곤 했습니다.

하지만 인간에겐 의지가 있고 의지를 통해 반복하다 보면 우리는 습관이라는 선물을 받게 됩니다. 아무리 외워지지 않던 영단어도 수십 번 반복하면 외워집니다. 저는 포기하지 않고 3개월 이상을 하루에 1시간씩 마음을 들여다봤습니다. 1시간을 채운 날도 못 채운 날도 마음을 안 들여 본 날도 있었지만, 어쨌든 포기하지 않고 계속 나의 내면을 돌보기 시작했습니다. 그렇게 3개월 목표를 6개월, 9개월, 1년 단위로 늘려가며, 내 내면을 가까이 들여다보니 세상에 옳고 그름으로 분별할 것들이 없음을 서서히 알게 되었습니다. 내 어린 시절의 아픔들을 이해하고 나니, 우리 부모님의 마음, 내 주변의 모든 상황들이 점점 이해가 가기 시작했습니다. 내가 나 자신을 허용하고, 분별하지 않으니 타인을 대하는 마음도 그렇게 변하기 시작했습니다.

내 못난 모습부터 사랑하는 연습을 하게 되니, 다른 사람들의 단점이나 세상이 흘러가는 모습 중에 내가 맘에 들지 않는 모습, 사소한 불만이나 불평들은 웃어넘기게 되었습니다. 과거엔 어떻게 그럴 수 있지, 이해가 안 돼, 라는 말을 자주 썼습니다. 그런데 나의 마음을 바꿔보려고 노력하다 보니 나 하나 바꾸기도 힘든데 내가 누굴 평가하고 고치려 들려고 하나라는 생각이 들었습니다. 그래서 지금은 외부에 맘에 안 드는 사람을 봐도 '왜 저래?'라는 말보단 '그래 그럴 수 있지.'라는 말을 더 자주 쓰게 되었습니다.

매일 죽을 것 같은 괴로운 마음을 억누르며 살았는데, 아주 조금씩 마음에 사랑의 에너지를 키우기 시작하니 세상이 다시 보이기 시작했습니다. 모든 것을 분별하지 않는 연습을 계속하자 마음이 조금씩 편해졌습니다. 심장 주변에 뭔가 꽉 막히는 기분이 지속되고 그것이 심하면 늘 통증을 동반한 두근거림과 두통으로 온몸 부서질 듯 아팠는데, 모든 감정을 허용하고, 몸에 힘이 빠지기 시작하니 심장 주변이 말랑해지는 기분이 들었습니다. 내가 분별없이, 힘을 빼고 세상을 바라보니 세상 모든 것들이 아름답게 보이기 시작했습니다. 내 마음만 변하고 외부로 변한 게 하나도 없는데 주변에서 사람들이 편해 보인다, 행복해 보인다는 말을 자주 듣게 됐습니다. 변한 건 내 마음 하나였는데 말입니다.

삶의 기적은
이 순간에 있습니다

- 당신이 가진 모든 것들은 특별합니다

코로나19가 일상이 되어 마스크 없는 삶은 상상이 되지 않습니다. 하지만 코로나19 이전엔 해외여행을 쉽게 다니고, 사람들과 연말엔 콘서트를 보러 가고, 왁자지껄 연말 파티를 하는 것이 너무 당연했습니다.

코로나19 이전의 삶이 어땠는지, 마스크 없는 삶이 오긴 오는 건지, 몇 년 이내에 해외여행은 갈 수 있는지 모든 것이 미지수입니다. 당연하다 생각했 던 것들이 당연한 것이 아니었습니다. 인간의 알량한 의지로 뭔가 할 수 있을 것 같지만, 전 세계가 코로나19 퇴치를 위해 노력하지만 1년이 넘는 시간 동안 크게 나아진 것이 없습니다.

하늘 길은 막혔고, 많은 사람들이 직업을 잃었습니다. 자영업자들은 원치 않는 휴업을 하게 되었고, 직장인들은 집에서 일을 하고, 학생들은 웹 카메라 앞에서 수업을 듣는 날이 지속되었습니다. 아침에 눈을 떠서 무사히 차를 타고, 중간에 사고 없이 출근을 하고 회사에서 특별한 일 없이 퇴근을 했더라도 그것 자체가 기적인데 우리는 기적은 늘 다른 곳에 있다고 생각합니다.

갑자기 로또를 맞거나 생각지도 못한 진급을 하거나 좋은 차를 사고 좋은 집을 사야 그것이 내 삶의 기적이라 생각합니다. 하지만 우리가 살아가는 순간에 그 무엇 하나 그냥인 것이 없습니다. 모든 것이 오고 가는 데는 명백한 이유가 있습니다. 원인 없는 결과는 없었습니다. 저는 마음의 병을 알게 되고 끝도 없는 지하로 추락한다고 느꼈을 때 희망이 없다 믿었습니다. 이제 제 삶은 끝났다 생각했습니다. 이렇게 죽겠구나 싶었습니다.

그러나 그런 순간에도 세상은 나를 돕고 있었습니다. 내 마음이 병들고 점점 사는 게 힘들어질 때 나의 몸은 내가 완벽하게 정신 건강만 관리하도록 모든 일을 쉽게 해주었습니다. 겉으로 보기엔 회사 매출이 떨어지고, 내 인생이 망해 가는 것처럼 보였습니다. 그런데 그건 힘든 마음을 치유하며 조금 쉬라는 하늘의 뜻이었습니다.

- 생각을 비워야 삶에 기적이 펼쳐집니다

내가 행복하지 않으면, 누구도 행복하게 만들어 줄 수 없다는 사실을 깨우쳤습니다. 더 착한 딸로 살아야겠다는 착한 아이 콤플렉스, 회사 대표로서의 책임감, 세상으로부터 사회로부터 인정받으려면 더 열심히 살아야 한다는 생각, 하루하루 성장시켜야 내일이 더 나아질 거라는 생각들로 현재를 살지 못하고 과거와 미래를 걱정하며 살았습니다. 아무도 그렇게 하라고 시키지 않았는데 매일매일 나를 괴롭히며 살았습니다. 그래서 그 모든 생각을 내려놓았습니다. 모든 것을 내려두면 큰일이 생길 줄 알았는데, 놀랍게도 아무일도 생기지 않았습니다.

살면서 내일에 대한 걱정을 안 하고 살았던 적이 없었습니다. 매사 걱정이 익숙했던 삶이라 처음에는 텅 빈 마음이 어색했습니다. 하지만 점점 평온한 마음에 익숙해졌습니다. 아무 생각 없이 사는 삶이 이렇게 가볍고 간단했나 싶었습니다. 나를 옥죄는 족쇄를 내려두고, 내 안에 상처받았던 마음을 나 스스로 치유하고, 내 안에 뿌리 깊게 박혀있던 부정적 신념들은 그것이 진실이 아니라고 나의 뇌와 세포들에게 알려주는 작업을 계속했습니다. 두려움이 올라오면 '괜찮아, 두려운 건 나쁜 게 아니야, 그 감정을 느껴도 돼'라고 주문을 걸었습니다. 그렇게 두려움을 허용하는 작업을 하며 나를 보듬었습니다.

끊임없이 내면을 치유하는 지난한 과정은 아무리 해도 변할 것처럼 보이지 않았습니다. 온몸에 부정적 생각과 신념이 자리잡게 되면, 내 몸은 악성 코드가 깔린 컴퓨터와 다르지 않습니다. 컴퓨터에 오류가 생겨 그걸 고치다 보면 모든 프로그램을 뒤져 바이러스 코드를 찾아내는 것보다 리셋하는 게 가장 빠르게 컴퓨터를 쓸 수 있는 방법이라는 걸 알 수 있습니다. 우리 마음도 그렇습니다. 최적화 상태로 가장 빠르게 내 마음을 처리하는 데는 사실 리셋, 즉 아무 생각 없음이 최고입니다. 그런데 우리가 살면서 듣고 배운 모든 기억들이 우리의 삶을 지속적으로 좀먹으며 악성 파일 다운로드를 지속하고 나니 오류난 컴퓨터처럼 나의 몸과 신체는 다운되어버린 것입니다.

매일매일 그 어떤 순간에도 나를 사랑할 것을 강력하게 다짐하지만 삶은 늘 나를 테스트하기 위해 나를 사랑하지 못할 사건을 데려와 우리를 시험대에 올리곤 합니다. 내가 진심으로 나의 모든 것을 허용하고 이해할 때까지 그 시험은 계속됩니다. 우리는 이럴 때마다 나는 운이 없거나 재수가 없는 사람이라고 판단해버리기 일쑤입니다. 하지만 삶은 그 순간이 전부가 아니었습니다.

비행기를 놓쳐서 속상했는데 그 비행기에서 사고가 난다거나, 남자친구가 이별을 고해서 속상했는데 알고 보니 바람피우고 있었다거나, 원하던 직장에 떨어져서 속상했는데 시간이 지나 더 좋은 조건에 입사하는 등 삶은 결국 시간이 지나야 나에게 벌어진 모든 일의 진짜 의미를 알게 됩니다.

그러니 지금 희망이 없다고 느낀다면 희망 없는 순간에도 지금 이 순간 가장 좋은 것이 있다는 믿음으로 걸어가 보는 것입니다. 지금 내가 살아 있다는 것은 아직 우리에게 기회가 더 있다는 의미입니다. 어두운 방안 한구석 사이로 아주 미세하게 비추는 희망의 빛이 분명 있습니다. 아주 작은 기적의 씨앗이 우리 내면에 있습니다. 우리가 할 수 있는 유일한 일은 그 작은 희망의 빛, 그 작은 씨앗을 사랑이라는 에너지를 통해 키우는 일입니다. 내가 나를 사랑하기로 맘먹으면 우리 마음은 관성의 법칙을 통해 더 많은 사랑을 가져다줍니다.

좋은 일만 보고 '난 운이 좋았어!'라고 생각하지 않고, 나에게 나타난 불행한 일을 보고도 그 이면에 숨겨진 행복한 일이 있음을 알아차려려 합니다. 투자에 실패하고, 병에 걸리고, 친구에게 배신을 당했더라도 그 순간에도 나는 운이 좋은 사람임을 잊지 말아야 합니다. 분명 그 이면에는 내가 알아차리기만 한다면 행운이 숨어 있으니 말입니다. 생각을 비우고 판단을 하지 않을 때, 내 삶에 비로소 행운과 기적이 펼쳐질 자리가 생기는 것입니다.

나로 사는 것이 경쟁력이다

- 그 누구도 아닌 당신이라는 특별함

제가 좋아하는 유튜브 채널이 있습니다. '위라클'(WERACLE) 영어로 '우리'와 '기적'을 합친 말로 '모두에게 기적을'이라는 의미를 담고 있습니다. 위라클 채널을 운영하는 사람은 30대 청년 박위입니다. 그는 그토록 원했던 글로벌 패션 회사에서 인턴을 마치고 정규직으로 전환하던 그날, 친구들과 축하 파티를 하고, 필름이 끊긴 상태에서 건물에서 떨어지는 큰 사고를 겪게 되었습니다. 사고 직후 의사는 그에게 전신 마비 판정을 내렸고, 앞으로는 걸을 수도 없고 손가락도 움직이지 못할 것이라는 이야기를 듣게 되었습니다. 스스로 밥을 떠먹고, 혼자 화장실을 갈 수도 없게 되자 그는 일상에서 당연하게 하던 일들이 기적이라고 생각하게 되었고, 그는 스스로 생존하기 위해 피나는 재활 훈련을 통해 지금은 휠체어를 타고 전 세계를 누비며 여행을 하고 그가 살아가는 일상을 유튜브에 올리고 있습니다.

그가 올리는 유튜브 영상들은 같은 신체적 고민을 가진 분들에게는 그의 이야기가 희망이 되었고, 신체가 건강한 보통의 사람들에게는 매일 걷고, 밥 먹는 일상의 별것 아닌 것들이 특별하고 감사한 일이라는 걸 알게 해주었습니다. 그가 2019년 11월 세바시에 출연하여, 휠체어 탄 자신은 유니크함 그 자체이며 휠체어를 타고 어떻게 운전을 하는지, 휠체어를 타고 어떻게 비행기를 타는지 자신의 스토리 자체만으로도 콘텐츠가 된다는 이야기를 하면서 자신의 콘텐츠는 아무도 따라 할 수 없는 유일무이한 것이라는 말을 합니다.

저는 이 용기 있는 청년의 말을 들으며 스스로를 돌아봤습니다. 아무 이유 없이 저는 평생 동안 저 자신을 미워했다는 생각이 들었습니다. 그래서 방치하고 버려두었던 나의 가장 미운 부분들을 들어내고, 그 아픔들을 보듬기 시작하게 되었습니다. 종교 생활을 오랫동안 하신 부모님이 입버릇처럼 '항상 감사해라!' 하실 때에도 전 늘 화를 냈습니다. 감사할 게 없는데 어디에 감사해야 하는지 몰랐기 때문입니다. 범사에 감사하라는 성경의 말도 저는 너무 싫었습니다. 사랑의 하느님은 저에겐 없다 생각했기 때문입니다.

위라클 채널의 영상 하나하나는 제가 얼마나 삶을 비관적으로 살았고 스스로를 미워했는지 깨닫게 해주었습니다. 전신 마비 진단을 받고 좌절하고 삶을 포기하거나 비관할 수도 있는데 그는 비관 대신 행복을 선택했습니다. 온 세상이 부정적인 시선으로 그를 바라봐도 정말 미세하게 손끝이 움직이는 작은 변화에 감사하고 거기에서 희망을 봤습니다. 그는 자신의 SNS에 이런 글을 적었습니다. '현재의 나는 사람들보다 더 오래 앉아 있을 뿐이고 걷는 건 이동 수단일 뿐이란 생각이 들었어요. 우리는 매일 서로 다른 목적지를 다양한 방법으로 나아갑니다. 저는 오늘도 행복한 마음으로 도착했어요.' 라고요.

그는 눈에 보이는 감각으로 생생하게 이뤄진 이 현실 세계 너머의 것을 보려고 한다는 말을 영상이나 인터뷰에서 자주 합니다. 눈앞에 현실 자신은 휠체어를 타고 두 다리를 쓸 수 없지만, 전신 마비 장애인이라는 현실의 한계에 자신을 가두지 않았습니다. 매사에 작은 것에 행복을 찾고, 자신을 통해 기적을 이루고, 자신이 이룬 기적을 세상에 나누면서 타인의 삶에도 기적이 일어나게 도와주는 일을 하고 있습니다. 육체적 한계나 단점이라고 생각할 수 있는 것을 유니크함으로 승화시켜 자신만의 특별한 이야기로 세상을 살아가고 있습니다.

온 우주에 존재하는 모든 생명은 같은 것이 하나도 없습니다. 온 우주에 우리 자신은 하나뿐입니다. 엄마 배 속에서 함께 자란 쌍둥이도 100% 똑같은 점을 찾기 어렵습니다. 그렇기에 우리의 존재는 그 자체로 특별합니다. 남들보다 배우지 못했더라도, 키가 작거나 뚱뚱하더라도 우리는 그저 있는 그대로 존재하는 것이 특별함 그 자체이며 타인과 구분되는 차별점이며 이것은 곧 나 자신이 세상을 살아가는 경쟁력이기도 합니다.

세상이 변하고 있습니다. 우리는 어느 때보다도 문명의 혜택을 다양하게 받으며 살고 있습니다. 내가 원한다면 회사를 다니지 않고 방구석에서 스마트폰 하나로도 창업을 할 수 있습니다. 내가 가진 남들과 다른 고유한 매력과 특별한 재능이 있다면 그것은 더 쉬워집니다. 남들과는 다른 나 자체가 브랜드이자 강력한 마케팅 수단이 될 수 있습니다. 과거에는 대기업이 운영하는 매체나 플랫폼이 아니면 시도해볼 수 없는 일들을 개개인의 하나의 특출한 매력 하나로 성공을 이룰 수 있는 시대가 되었습니다. 그래서 덕후가 성공하는 시대가 되었습니다.

남들보다 신발을 좋아했던 한 고등학생이 3학년 때인 2001년 온라인 커뮤니티에 운동화 마니아들을 위한 동호회를 만들었습니다. 회원들이 구한 운동화를 자랑하고 후기와 정보를 나누는 커뮤니티였습니다. 무신사(MUSINSA). '무지하게 신발 사진이 많은 곳'이란 뜻이었습니다. 운동화 덕후가 만든 이 커뮤니티는 국내 1위 온라인 패션 플랫폼으로 성장해 국내 열

번째 유니콘 기업(기업 가치가 1조 원 이상인 비상장사)이 되었습니다. 새로운 청년 창업 신화를 쓴 조민호 무신사 대표의 이야기입니다.

인터넷과 스마트폰 혁명으로 우리는 시공간이 주는 제약을 뛰어넘는 시대에 살고 있습니다. 간단하게 손가락 하나면 모든 것을 해결할 수 있게 되었습니다. 과거에는 자신의 취향이나 삶의 목적과 다르게 그저 성실하게 열심히 산사람에게 기회가 돌아갔다면 이제는 자신이 무엇을 좋아하는지, 잘하는지 알고 그것을 잘 가꾸는 사람들이 더 행복하고 풍요로운 삶을 살게 되었습니다. 그저 나는 내가 좋아하는 일을 하며 즐겁게 놀았을 뿐인데 통장에 돈이 들어왔다는 이야기가 이상한 일이 아닙니다.

- 세상에 나만의 씨앗을 뿌리기

그래서 어느 시대보다도 나에 대해 내가 누군지에 대해 잘 알아야 하는 시대에 도래했습니다. 하지만 우리는 이 본질을 꿰뚫어 보지 못하고, 매일 업데이트되는 타인의 삶과 성공 소식에 자신을 끊임없이 비교하고 성공한 누군가가 했던 방식을 쫓아가고, 그들처럼 사는 삶이 행복할 것이라고 믿으며 살아가다가 낭패를 경험합니다. 과거엔 어떤 것을 따라만 해도 그것이 최고인 줄 알았던 시대가 있었습니다. 이제는 누구를 따라 한다고 해서 성공과 행복을 얻는 시대는 끝났습니다. 모든 것이 공유되는 시대이며, 이제는 손쉽게 지구 반대편의 소식을 실시간으로 접하게 되었습니다. 인터넷에 오픈된 수많은 정보로 인해 누구의 말이 진실이고 거짓인지 사람들이 알게 됩니다. 우리는 그저 우리 자신으로 존재했을 때, 내가 정말 잘하고 좋아하는 일을 발견하고 그 일에서 최선을 다할 때 나 자신도 행복하고, 타인에게도 나의 행복을 나눌 수 있는 시대가 되었습니다. 정말 즐겁게 놀면서도 돈을 벌며 살 수 있는 시대가 왔습니다.

중국 극동 지방에서 자라는 모소대나무가 있습니다. 이 대나무는 씨앗이 뿌려진 후 4년 동안 단 3cm밖에 자라지 않았습니다. 모소대나무는 4년 동안 시간이 멈춰버린 것처럼 아무런 미동도 하지 않다가 5년이 되던 해부터 매일 30cm씩 성장하며, 6주차가 되면 그 자리는 순식간에 빽빽하고 울창한 대나무 숲을 이루게 됩니다. 4년 동안 미동도 없다가 6주 사이에 놀라운 성장을 한 것처럼 보이지만 사실 모소대나무는 지난 4년간 땅속에서 깊고 단단하게 뿌리를 내려 어느 순간 엄청난 성장을 했던 것입니다.

우리 삶에도 뿌리내리는 시간이 필요합니다. 내가 지금 삶에서 확신을 가지고 뿌리내리는 일을 하고 있다면, 내 삶은 어느 날 모소대나무처럼 싹을 틔울 것입니다. 그리고 순식간에 울창한 대나무 숲을 만들 것입니다. 하지만 내가 지금 삶에서 뿌리가 되는 생각을 탄탄하게 가꾸지 않는다면 어떤 성공을 이루더라도 순식간에 무너져버릴 것입니다. 내가 감당하지 못할 뿌리를 가지고 있다면 나는 그것을 결코 지켜낼 수 없습니다.

나의 행복과 성공은 타인으로부터 올 수 없습니다. 나는 누구와 비교할 수도 없는 존재이며, 설령 자신이 맘에 들지 않는 부족한 모습이 있더라도 그마저도 그 자체로 완벽합니다. 나 스스로가 나의 문제를 더 이상 문제라고 여기지 않았을 때 타인들도 내 문제를 문제라 인식하지 않습니다. 그래서 어느 때보다 나를 알아야 하는 시대가 되었습니다. 더 이상 타인이 좋아하는 걸 억지로 좋아하고, 하고 싶지 않은 일을 하면서 살지 않아도 되는 시대에 살고 있습니다. 그러기 위해서는 나를 더 명확하게 알아야 합니다. 우리가 치열하게 해야 할 일이 있다면 나에 대해 치열하게 알아가는 것입니다. 새로운 나를 만드는 것이 아니라 지금 내 안에 숨겨진 나만의 보석을 발견하는 것입니다. 내 심장이 두근거리고, 나를 행복하게 하는, 나를 가장 나답게 만드는 일을 찾았을 때, 우리는 비로소 세상을 게임처럼, 놀이처럼 즐기게 됩니다. 그러니 열심히 보다는 몸에 힘을 빼는 연습을, 심각하게보단 즐겁게, 남들처럼이 아닌 나처럼 사는 연습을 하면서 내 안에 단단한 믿음의 뿌리를 내려야 합니다. 그 단단한 뿌리는 분명히 어느 계절을 맞아 쑥쑥 자라서 울창한 숲을 이루게 될 것입니다.

기적을 만드는 힘, 사랑

- 당신의 사랑은 어떤 모습인가요?

저는 사랑과 행복에 대해 안다고 생각했었습니다. 그런데 제가 느끼는 사랑과 행복은 언제나 조건부였습니다. 그래서 내가 가진 모든 것들에서 한 곳이라도 균형이 흔들리기 시작하면, 스스로를 용납하지 못했습니다. 전 로맨스를 사랑이라 생각했고, 흥분과 떨림 등 감정이 사랑이라고 착각했습니다. 스킨십이 사랑이라 생각했습니다. 내가 원하는 대로 된다면 나는 내 삶을 사랑할 것이라고 말했습니다. 하지만 내가 원하는 삶이 아닐 경우 거기엔 아무것도 없습니다.

사랑이라는 건 언제나 우리 안에 있기 때문에 그저 항상 존재하는 마음이었습니다. 그건 변할 수 없습니다. 참사랑엔 대가가 없기 때문입니다. 때로 우리는 사랑은 소유라 생각합니다. 서로를 가지려 하고, 집착하고, 내 편, 우리 가족, 우리만의 것들을 만들어가는 걸 사랑이라 생각합니다. 하지만 이건 사랑이 아닙니다. 너와 나의 구분이 없는 것이 진짜 사랑이기 때문입니다. 우리가 진짜 사랑할 때 우리는 그들 그대로의 방식의 삶을 인정할 수 있습니다. 그 사람이 이렇게 되어야 하고, 저렇게 행동하여야 한다고 주장하지 않습니다. 그들이 원하는 모습대로 살아가도록 그렇게 살도록 배려하고 있는 그대로 허용하는 것이 사랑이었습니다.

우리의 마음이 사랑으로 가득 찰 때 타인에 대한 미움이 사라지고 연민이 가득해집니다. 타인이 아무리 죽을죄를 지었어도, 그 사람이 그런 행동을 하기까지 세상에서 받았던 상처, 설움, 슬픔, 외로움을 모두 이해하기에 타인을 더 이상 타인이 아닌 나의 모습처럼 바라보게 됩니다. 우리에게 상처를 준 사람들까지도 사랑한다면 우리는 더 이상 상처받지 않을 수 있습니다. 상처 준 사람을 보듬는 마음은 가장 높은 차원의 사랑입니다. 우리가 그들을 사랑하기 시작하면 그들을 힘을 잃게 되고 더 이상 우리를 공격할 수 없게 됩니다.

- 조건 없는 사랑을 하고 있나요?

그렇기 때문에 우리는 세상의 모든 것에 조건 없는 사랑을 해야 합니다. 우리의 사랑에 조건이 생긴다면, 그 모든 조건은 언제나 문제로 남아 언제 터질지 모르는 폭탄처럼 잠재되어 있다가 결정적인 순간에 터지게 됩니다. 그것이 싫다고, 그것이 내 것은 아니라 주장한다고 다른 사람의 것이 되지 않습니다. 내 삶에 원하지 않았던 그것조차도 나의 일부임을 알아야 합니다.

당장 사랑이 힘들다면 미워하는 마음만 내려놓아도 훨씬 편해집니다. 내가 느끼고 싶지 않은 두려워하고 미워하는 감정, 싫어하고 분노하는 감정들 역시도 처음엔 '그럴 수 있지, 괜찮아!'로 연습을 해보는 것입니다. 그렇게 내가 꼭 쥐는 것을 놓는 연습을 하다 보면, 나는 그것들을 포용하고 이해하게 됩니다. 그렇게 미움을 사랑으로 돌리는 연습을 하다 보면 미움보다 사랑이 훨씬 편하고 우리 본성에 가깝다는 것을 알게 될 것입니다.

어린 시절에 같은 반 친구랑 다툼이 생겨서 평생 그 친구와 보지 않겠다고 절교를 하더라도, 같은 공간에 있다는 사실 하나만으로도 불편할 때가 있습니다. 나만 불편한 게 아니라 내 주변 친구들도 불편해집니다. 교실 복도를 지나 마주치기도 하고, 생각지도 못한 장소에서 서로 마주해서 불편함을 겪기도 합니다. 오랫동안 화해를 하지 않고 학교를 떠나 버리고 서로 마주할 일이 평생 할 일이 없더라도, 미워하는 그 마음, 사랑이 아닌 감정은 가슴속에 짐처럼 무겁게 남아 있습니다.

우리 마음에 사랑이 없다면 우리는 언제나 24시간 경계 태세로 살아야 합니다. 타인을 언제나 경계해야 하고, 믿지 못하기 때문에 스스로를 언제나 보호해야 한다는 생각에 예민해지고, 극도의 방어적인 태도를 취하게 됩니다. 당신의 온몸의 근육들은 언제나 경직되어 있게 됩니다. 항상 두통을 동반하고 목과 어깨가 결리고 피로함을 느끼게 될 것입니다.

하지만 사랑을 하게 되면 거기에는 힘이 없고 구속이 없어집니다. 그렇기 때문에 자유로워집니다. 제가 오랜 시간 찾았던 것은 온전한 사랑, 그것은 허용이었습니다. 저는 사랑이 돈, 명예, 권력이라고 착각했습니다. 하지만 우리는 진짜 사랑할 때 평온함을 느끼고 만족감을 느낍니다. 내가 싫어하는 모든 것들을 사랑하면 삶에 그 어떤 흔들림이 오더라도 다시 굳건히 일어설 수 있는 힘을 얻게 됩니다. 다시 말하지만 사랑은 주는 것이며, 내가 싫어하는 모든 것들도 인정하는 것이고, 삶에 나타난 모든 것들을 환영하는 것입니다.

지금 마음이 괴롭다면 당신 마음엔 사랑이 없는 것입니다. 10번째 시험에 떨어지더라도 자신을 용서하고 사랑할 수 있어야 합니다. 공무원 시험이 당신 인생의 전부가 아닐 수 있습니다. 매번 실패만 하는 당신을 사랑해야 합니다. 실패라는 경험 속에서 분명 성공의 비밀을 찾게 될 것이니 지금 삶에 주어진 미션 뒤에 숨겨진 보물을 이해할 줄 알아야 합니다.

스스로 미워하는 감정들을 '그럴 수 있지 괜찮아!'라고 녹여보세요. 그렇게 허용해야 미움이 녹아져 사라지고 그곳에 사랑이 들어올 자리가 생기게 됩니다. 자신을 가장 가혹하게 만드는 건 세상이 아닌, 타인도 아닌 자기 자신임을 알아차려야 합니다. 내 마음에 사랑이 차야 사랑스러운 일들이 나에게도 옵니다.

PART 4

나만 알고 싶은
무의식을
바꾸는 비밀

01

사소한 습관에서
모든 변화가 시작된다

- 제발 잘하려고 하지 말아요

누구나 아침에 눈을 뜨면 내 의지와 상관없이 하는 습관적 행동들이 있습니다. 눈을 뜨자마자 의식이 완벽하게 깨기 전 명상을 하는 사람이 있고 또는 밤사이에 몸이 뻐근했다면 스트레칭을 하는 사람도 있습니다. 보통 직장인이라면 휴대폰을 열고 습관적으로 메신저를 켜거나 SNS를 체크하기도 합니다. 혹은 출근 전 이메일을 체크한다든지, 물을 마신다든지 눈을 뜨자마자 누가 시키지도 않았는데 누가 시킨 것마냥 습관처럼 하는 그런 일들이 있습니다.

별것 아니지만 노력 없이 아주 쉽고 편하게 하고 있고, 그런 것들이 몸에 배어 나의 삶의 일부분을 만드는 것들을 우리는 보통 습관이라고 합니다.

저는 2015년부터 수영을 시작했습니다. 그 무렵 걷기 운동도 함께 시작했습니다. 골프, 스키, 발레, 요가, 필라테스, 헬스 PT, 프리다이빙, 스쿠버 등 항상 유행한다는 운동은 다 해봤지만 수영과 걷기 운동은 제 생을 통해 가장 꾸준히 한 운동입니다. 어느 날 수영을 하다 내가 오랫동안 꾸준히 할 수 있었던 이유가 무엇이었을까? 생각해보게 되었습니다. 놀랍게도 제가 수영을 꾸준히 할 수 있었던 힘은 수영을 잘해야겠다고 마음먹지 않은 것에 있었습니다. 맨 처음 수영을 시작할 때 저는 물 공포증이 있었습니다. 그래서 처음 수영을 다닐 때 제 최초의 목표는 물 공포증을 극복하는 것이었고, 아주 잠시라도 물에 떠있는 것이 목표였습니다. 그렇게 낮은 목표로 수영을 했기 때문에 수영을 가는 것이 즐거웠습니다.

그런데 수영을 조금씩 하면서 자유형을 배우고 나니 타인과 내가 비교되기 시작했습니다. 비슷하게 발차기를 시작했던 친구들과 나의 실력이 점점 격차가 벌어졌습니다. 자유형을 하는데 몇 바퀴씩을 돌아도 지치지 않는 체력을 가진 친구들도 있었고, 몇 개월 만에 상급반으로 올라가서 멋지게 접영을 하는 친구들도 있었습니다. 나는 겨우 자유형 한 바퀴를 하는데 같은 시기에 시작했던 친구들과 스스로를 비교하니 너무 괴로웠습니다. 즐겁고 싶어서 하는 운동인데 나는 왜 괴로움을 선택하고 있을까라는 생각이 들었습니다.

그래서 생각을 바꿔보기로 결정했습니다. 생각해 보니 저는 수영을 잘하려고 수영을 가는 것은 아니었습니다. 아침에 남들보다 일찍 일어나서 운동을 했다는 성취감과 수영장에서 운동 후 했던 샤워가 나를 가장 기쁘게 했었습니다. 생각해 보면 수영 선수를 할 것도 아니고 그저 평생 할 수 있는 운동, 그 습관을 만드는 것이 목표라고 생각이 드니 수영을 굳이 남들과 비교하면서 잘할 필요도 없었고, 그냥 나는 나의 속도대로 가면 되었던 것입니다. 그래서 저는 운동 목표를 수정했습니다. 그 무렵 저는 상급반에 있었는데, 초급반으로 내려와 기초부터 다시 다지기로 맘을 먹고 초급반에서 자세 교정 위주로 즐겁게 수업을 했습니다.

또한 '나의 목표는 아침에 일어나서 씻으러 수영을 가는 것'이라고 정해두니 마음이 한결 즐거웠습니다. 아침에 일단 눈을 떴고 수영장을 제시간에 가든 늦게 가든 5분이라도 수영을 하게 되면 제 기준엔 수영장에 씻으러 간 것인데 5분이나 수영을 하게 되니 대단한 일을 하게 된 것입니다. 그런데 사람 심리가 조금 하게 되면 조금 더 하고 싶다는 생각이 들게 됩니다. 높고 많은 목표는 포기하게 되지만 낮고 유연한 목표는 더 성취하고 싶어집니다.

그런 작은 목표로 시작했던 수영을 오래도록 꾸준히 해온 결과 이제는 수영장에서도 제법 잘하는 사람이 되었습니다. 아마 제가 수영을 다니면서 계속 타인과 나를 비교하고, 늘지 않은 수영 실력을 탓하면서 했었더라면 이토록 오랫동안 운동을 하지 못했을 것입니다. 돌이켜보면 내가 포기했던 모든 일들은 단기간에 무언가를 확실하게 변화시키려고 했던 것이었습니다. 물론 그렇게 강한 의지에 힘을 실어 노력했던 일들은 확실한 변화를 이끌긴 했습니다. 하지만 단기간에 어떤 효과만 볼 뿐 그것이 오랫동안 지속되지는 못했습니다. 하지만 삶을 바꾸는 것들은 한순간에 지나가 버리는 단편적인 것들이 아닙니다. 하나의 습관이 단단하게 내 삶에 뿌리를 내리도록 관심과 사랑으로 오랫동안 돌봐줘야 비로소 삶의 어느 부분이 변화되고 그것이 습관으로 자리잡게 됩니다.

매일 새벽에 일어나 한강을 걸어 수영을 가는 저에게 사람들은 '어떻게 그렇게 아침에 일찍 일어나서 수영을 가요?'라는 질문을 자주 합니다. 그런데 저에겐 한강을 걸어 수영을 가는 일이 대단하거나 어려운 일이 아닙니다. 아침에 눈을 떠서 양치를 하고 세수를 하는 것처럼 저에겐 수영이라는 습관은 오히려 익숙한 것이 되어버렸습니다. 마치 양치를 안 하고 나왔을 때의 찝찝함처럼 걷기나 수영을 안 하면 하루가 찝찝합니다.

습관을 바꾸지 않고 오로지 단편적인 변화에만 집착해서 생기는 부작용은 우리 주변에서 아주 쉽게 발견할 수 있습니다. 많은 연예인들이 다이어트에 성공했다며 변화된 모습으로 TV에 나오지만 그 모습을 유지하는 사람들은 드뭅니다. 그럼 이제 여러분의 시선을 주위로 둘러봅니다. 어떤 사람들이 그것을 유지하고 있나요? 일시적인 연습이 아닌 습관을 변화시킨 사람들만 이 자신의 몸매를 그대로 유지하고 있습니다. 또한 그렇게 변화된 모습이 즐겁고 편한, 사람들 무의식에 자신의 변화된 모습이 더 익숙한 사람들만이 그런 모습을 유지하고 살 수 있습니다. 그래서 어떤 행동을 하든 궁극적으로는 나의 습관을 변화시켜야 궁극의 변화를 이끌 수 있습니다.

그런데 습관을 하루아침에 바꾸려고 하면 우리 몸은 거부 반응을 보입니다. 우리의 몸은 익숙한 것을 좋아하기 때문에 갑자기 변화를 하면 그것을 위험 신호로 받아들이기 때문입니다. 그래서 우리의 몸이, 특히 우리의 잠재의식이 눈치 채지 못하도록 아주 낮은 목표를 잡아서 변화시켜보는 것입니다.

- 감정도 습관이다

우리는 무의식적으로 떠오르는 생각들에 대해서 제어를 해야겠다는 생각을 잘 하지 않습니다. 우울하고 괴로운 모든 마음에 물든 작은 습관에서 시작되는 것들입니다. 사람들은 우울한 마음은 어떤 상황이 우울하니까 우울하지 상황만 그렇지 않았다면 나는 행복할 것이라고 이야길 많이 합니다. 저역시도 오랜 시간을 그렇게 살아왔습니다. 상황이 통제되어야 마음이 통제

된다고 생각했습니다. 사실 이 말을 다이어트로 바꾸면 지금 뚱뚱한 몸이 날씬해져 있어야 다이어트가 가능하다는 이야기와 같습니다. 살다 보면 상황을 바꿀 수 없는 경우가 많습니다. 특히 오랫동안 우울한 감정에 머무르거나 그 감정이 고착화돼버려서 마치 그게 내 몸의 일부처럼 느낄 때가 많습니다. 그런데 감정은 고정불변의 것이며 언제나 상황을 해석하는 사람에 따라 감정은 바뀔 수 있는 것입니다.

같은 날씨를 바라보고도 사람마다 해석이 다 다릅니다. 이처럼 내 상황에 따른 감정은 내가 해석하기 나름입니다. 이 해석을 하는 습관을 바꿔야 진정한 행동 변화도 이끌어 낼 수 있습니다. 하지만 사람들이 마음을 단련하고 마음의 근육을 단련하는 것은 한순간에 바뀐다 생각하고, 연습의 필요성을 많이 못 느낍니다. 우리는 나의 기분에는 별로 개의치 않으면서 상대의 기분에는 항상 눈치를 보게 됩니다. 사실 내가 기분이 좋아야 다른 사람도 기분 좋게 만들 수 있습니다. 나의 기분이 바뀌지 않았는데 상대가 먼저 기분 좋게 날 대하길 바라는 건 어불성설입니다. 타인을 배려하지 말라는 이야기가 아닙니다. 타인의 눈치를 볼 시간에 내 기분에 신경 쓴다면 타인은 당연히 나의 기분과 나의 에너지 주파수에 따라오게 되어 있습니다. 그러니 가장 신경 써야 할 건 엄마, 아빠의 기분도 내 상사의 기분도, 내 아이들의 기분이 아니라 내 기분입니다.

스위스의 정신과 의사이자 심리학자인 칼 융은 무의식을 의식화하지 않으면 무의식이 우리 삶의 방향을 결정하게 되는데, 우리는 바로 이것을 두고 '운명'이라고 부른다고 했습니다. 이리 뛰고 저리 뛰는 당신의 마음을 의식화해야 합니다. 마치 그것이 내 삶의 주인인 양 나를 지배하는 부정적인 생각들을 조금씩 바꾸는 마음의 근육을 키워야 합니다. 마음을 바꿔 보는 연습을 시작하면 모든 것을 바꿀 수 있습니다. 이것이 아주 작지만 큰 시작입니다.

02

성공이 아니라
포기하지 않는 것이 포인트

- 힘내라는 말 대신 '사랑해!'

인생을 바꾸고 싶다면 파이팅을 하지 말아야 합니다. '우울하면 힘을 내야지! 왜 힘을 내지 말라는 거야?' 할 수 있지만 돌이켜 보면 '잘할 수 있어.', '힘내야지!' 이런 모든 이야기들은 스스로에게 압박만 가할 뿐 진정한 변화를 가져오진 않을 때가 많습니다. 우리 감정은 에너지화 되어서 외부 세계로 뻗어나가는데, 에너지는 한쪽으로 쏠리는 것이 아닌 중앙에 정렬되어 있을 때 가장 좋은 시너지를 냅니다. 우리는 은연중에 '기 빨렸어.'라는 말을 씁니다. 엄마가 나에게 필요 이상의 잔소리를 한다든지, 친구가 갑자기 래핑하듯 자신의 상사 욕을 나에게 하면 우리는 기 빨렸다는 표현을 종종 쓰게 됩니다. 내

기운이 한 군데로 쏠려서 내가 기운이 다 빠질 만큼 힘들었다는 이야기입니다. 지금 내가 겪고 있는 힘든 상황을 이겨내려면 어느 한쪽으로 기운을 쏠리게 해서 기가 빨리도록 에너지를 쏟아선 안 될 것입니다. 물론 멘탈이 건강한 사람은 힘을 낼 수 있을지 모르겠습니다. 하지만 마음이 우울한 사람에겐 힘내자는 말은 독이 될 뿐입니다. 힘을 어떻게 내야 할지 모르기 때문입니다. 그러니 지금 힘이 든다면 펭수 말처럼 '힘내라는 말보다는 사랑해.'라는 말이 오히려 약이 될 수 있습니다.

그러니 힘이 들면 힘을 내지 않아도 됩니다. 그냥 힘이 없는 자신을 인정하는 것입니다. 이런 나를 이해하는 것입니다. 그리고 마음이 괜찮아질 때까지 충분한 휴식을 취하거나 기분이 1g이라도 좋아지는 무언가를 해보는 것입니다. 그것은 달콤한 초코 케이크를 먹는 일이 될 수도 있고, 가볍게 산책을 나가는 것일 수도 있습니다. 우울한 기분이 들면 마치 꺼낼 수 없는 물에 빠진 휴지 같은 기분이 듭니다. 우울한 물에 풍덩 빠진 휴지처럼 된 나를 건져내진 못하더라도, 우울한 기분인 물을 조금씩 비우는 연습을 하는 것입니다. 그렇게 기분이 변하고 나면 뭔가 해야겠다는 약간의 힘이 생길 수 있습니다. 이때 아주 사소하고 작은 습관 하나를 바꿔보는 연습을 해보면 좋습니다.

다이어트 정보는 누구보다도 잘 알고 있습니다. 식단이 7이고 운동이 3, 적정 칼로리를 먹고 운동을 통해 그걸 소모한다 등, 우리는 웬만한 다이어트 방법은 다 습득하고 있습니다. 하지만 지식으로 아는 걸 내 몸에 실천하지 않으면 아무런 의미가 없습니다. 여러 가지 다이어트 방법과 운동을 통해 나에게 가장 맞는 방법을 조금씩 찾아가는 연습을 하는 것이 중요합니다.

많은 사람들은 사소한 습관을 무시하거나 간과하곤 합니다. 저도 그랬습니다. 내 맘이 지금 당장 죽을 것 같고 힘들어 죽겠는데 '사랑해', '감사해' 같은 말이 나에게 무슨 의미가 있겠냐는 생각을 항상 했습니다. 순간적으로 사라지는 진통제를 늘 찾았습니다. 술도 잘 마시지도 못하는데 술에 의존하고, 친구들에게 하소연하고, 할 수 있다는 강한 의지를 발휘하며 일을 더 열심히 했습니다. 정말 일시적인 효과일 뿐, 결국 우울했던 마음은 제자리로 돌아오곤 했습니다. 저는 항상 작은 습관들을 몇 번 해보다가 '에이 안 되네.' 하고 다시 다른 특별한 방법이 없나 책을 찾았습니다. 그런데 돌고 돌아보니 특별한 방법은 내가 알고 있던 그것이었습니다. 그저 내 마음이 차분해질 때까지, 내 마음이 편해질 때까지 그게 무엇이든 될 때까지 매일 조금씩 실천만 하면 되었던 것이었습니다. 마음이 안되면 몸을 움직여서, 몸이 안 되면 마음을 움직여서 무엇이든 조금씩 해나가면 됩니다.

누군가는 헬스를 최고의 운동으로 꼽지만 또 어떤 이는 필라테스가 가장 좋다고 합니다. 사실 정답은 없습니다. 각자의 삶에 따라 자신에게 맞는 방법이 있기 때문에 세상에 있는 수많은 방법들 중에 그저 하나를 고르고 꾸준히 해보는 것입니다. 하다 보면 분명 자신만의 노하우나 팁이 생기기 마련이고 여러 가지를 더하다 보면 자신만의 특별한 방법이 생기기도 합니다. 저 역시도 맨 처음에 EFT라는 치유 기법을 가장 처음에 배웠지만, 마음공부를 지속하고 내면이 치유될수록 방법들이 변하고, 나에게 더 맞는 것을 찾아가게 되었습니다.

호오포노포노(Ho'oponopono[ho-o-pono-pono])는 심리 치유 기법이 있습니다. 고대 하와이인들의 용서와 화해를 위한 문제 해결법이라 잘 알려진 이것은 '미안합니다, 사랑합니다. 감사합니다'와 같은 말을 계속 반복해서 하는 것입니다. 그런데 처음 마음공부를 시작하면서 이 책을 접했을 때, 저에게 전혀 도움이 되지 않았습니다. 마음에 이미 피해 의식과 저항감이 높게 깔려 있는데 도대체 뭘 감사해야 하는지, 뭘 사랑해야 하는지 머리로 이해가 되지 않았기 때문입니다. 호오포노포노의 권위자이자 『진정한 나를 되찾는 호오포노포노 라이프』의 저자 KR여사가 한국에 내한했을 때도 그녀의 말이 전혀 와닿지 않았습니다. 저의 영적 수준이 그 정도 밖에 되지 않았으니 이해도 당연히 안 될뿐더러 와 닿지 않았던 것입니다.

당시에 KR여사의 강연 중에 한 청중이 언제까지 호오포노포노를 해야 하냐고 물었고, 그녀는 '평생'이라고 대답했습니다. 그 말을 들었을 때 전 저런 어렵고 고된 방법은 하지 않겠다 생각하며, 주말 이 시간에 잠이나 더 잘 걸 이런 강의를 들으러 왔나 후회가 막심했습니다. 하지만 마음이 성장하고 나서 돌이켜보니 그녀의 말이 정답이었습니다. 저에겐 호오포노포노는 자기사랑을 실천하고 나니 자연스럽게 되는 것이었습니다. 힘들게 아무리 '미안합니다. 사랑합니다. 감사합니다.'를 습관화하려고 할 땐 되지 않았던 것들이 나를 사랑하고 나니 자연스럽게 되었습니다.

- 쉽고 만만한 목표의 힘

그러니 '오, 이 방법이면 만만하고 쉬워서 금방 하겠는데?' 싶은 것들로 습관을 만들어 보는 것입니다. 내 내면의 마음을 바꾸는 일은 세상에 태어나서 만드는 습관 중에 가장 원대한 일임에도 불구하고 많은 사람들은 대수롭게 생각하지 않습니다. 그런데 우리의 몸과 마음은 유기적으로 연결되어 있고 그 둘 중에 하나만 고장이 나도 정상적인 생활이 힘들어집니다. 기억하세요. 힘이 안 나면 힘을 낼 수 없습니다. 그래서 내부에서 연료가 될 따뜻한 사랑의 에너지를 나에게 넣어줘야 비로소 나는 일어날 수 있습니다. 습관화된 마음은 워낙 순간적으로 일어나서, 마음을 변화시키는 것이 정말 어렵습니다.

하지만 마음을 변화시키고 나면 내 삶을 운영하는 열쇠를 가지게 되는 것입니다. 살면서 마주하는 외부의 무수한 불확실성을 만나고 그때마다 외부 현실의 희생양이 되는 것이 아니라 내 마음을 단련함으로써 외부에서 일어난 일이 그저 나를 통과해 내 삶을 헤집어 놓지 않도록, 그저 내 옆을 지나가도록 하는 것입니다. 비가 내릴 수 있지만 나는 우산을 준비해서 쓸 수 있는 환경을 만드는 것입니다. 여러분이 지금 마음을 바꿔보기 위해 이 책을 펼쳤다면, 지금 당장 이 책을 덮고 당신이 마음의 변화를 이끌어내기 위한 가장 만만한 습관 하나를 실천해보세요.

저에게 가장 만만한 실천법은 1분 명상이었습니다. 애플 워치를 켜두고 1분간 호흡에 집중했습니다. 처음엔 머리에 잡생각이 너무 많거나, 너무 졸려서 잠이 들기 일쑤였습니다. 생각이 너무 많았던 저는 1분도 너무 길다는 생각이 들었습니다. 저는 명상과 맞지 않는 사람이라고 생각했습니다. 쉴 새 없이 떠드는 내 안의 나는 〈쇼미더머니〉의 1등 래퍼였습니다. 끊임없이 자신의 생각과 의견을 저에게 표출했습니다. 그래서 처음엔 1분을 30초로 나눠서 했습니다. 잡생각이 떠오를 때마다 나는 호흡에 집중한다는 입력값을 뇌 속에 자주 입력시켰습니다. 1분이라는 시간이 편해질 때쯤 조금씩 시간을 늘려갔습니다. 그렇게 1년 정도 명상 훈련을 하고 나니 지금은 1시간까지 명상시간을 늘릴 수 있었습니다.

처음엔 아주 만만하고 하찮은 습관을 길들이는 것이 포인트입니다. 그리고 중간에 힘이 든다면 목표를 더 작게 수정하는 것입니다. 결코 실패하지 않는 목표로 말입니다. 30초도 길면 10초의 목표로 명상을 하는 것입니다. 그리고 그것이 여러분의 삶에 물들 때까지, 꾸준히 지속적으로 하는 것입니다. 외부의 현실이 변할 때까지 포기하지 않고 하는 것입니다. 잊지 마세요. 이제 목표는 성공이 아니라 포기하지 않는 것입니다.

03

이제는 가짜 나와
이별하기

- 이제 연기를 그만 두어도 됩니다

2019년 혜성처럼 나타난 유튜브 스타가 있습니다. 그의 이름은 바로 펭수!
2019년에 가장 핫한 인물로 우리나라에서 만들어진 캐릭터 역사상 이렇게
세대와 성별을 아우르며 인기를 얻었던 캐릭터는 펭수가 최초가 아닐까 생
각합니다. EBS 연습생이라는 콘셉트로 남극에서 BTS처럼 슈퍼스타가 되기
위해 한국에 온 펭귄이라는 스토리와 키 210cm의 거대하고 귀여운 인형 탈
을 쓴 외모와 거침없는 입담으로 큰 사랑을 받고 있습니다.

저도 펭수의 팬입니다. 지난 2019년 11월 28일 100만 구독자 달성 이후, 약

2달 만에 200만 구독자 달성을 하며 각 방송가, 광고 인터뷰 등 종횡무진하며 활동을 이어 나가고 있습니다.

펭수는 'BTS처럼 슈퍼스타가 되고 싶다', '이유는 없어, 그냥 해', '직원이 행복해야 세상이 행복하다.' 등 자신의 소신과 욕망을 거침없이 말하며 시청자들의 공감대를 얻고 있습니다. 사람들이 펭수를 좋아하는 큰 이유는 사실 우리가 하고 싶었지만 차마 하지 못했던 말을 거침없이 꺼내는 펭수를 보며 카타르시스를 느끼기 때문입니다. 그리고 이보다 더 큰 이유는 우리 내면 안에 펭수처럼 귀엽고 순수한 어린아이가 살고 있기 때문에 동질감을 느끼는 것입니다.

어린 시절에 우리는 어른들의 잔소리가 싫어서, 어른이 되면 지금의 어른처럼 살지 않을 것이라 다짐합니다. 또 어떤 선택에도 흔들리지 않고 단호하게 결정을 내리고 살 것이라 생각합니다. 전 어른이 되면 두려움, 결정 장애 같은 건 없어지고 꽤 어른스러워질 줄 알았습니다. 그런데 스무 살 성인이 되고 나서도 서른이 넘어도 맘속에는 항상 사랑받고 싶어 하고, 보호받고 싶어 하는 5살짜리 어린아이가 언제나 있었습니다.

내면의 어린아이는 우리의 탄생 순간부터 죽을 때까지 언제나 함께하는 친구였습니다. 어린 시절 유치원에 학예회에서 실수할까 봐 걱정했던 두려움과 떨림은, 어른이 돼서도 회사의 중요한 PT 발표 때도 동일하게 느끼게 됩니다. 그런데 우리는 내가 한 회사의 과장이라는 이유로, 그리고 한 아이의 부모라는 이유로 자신의 감정을 억누르고 숨기기 바쁩니다. 두려움과 책임감, 걱정 그리고 내가 느끼는 고민들을 솔직히 말하면 안 된다고 교육받지도 않았는데 마치 그래야 멋진 사람인 것처럼 스스로를 포장합니다. 힘든 척 괜찮은 척 감정을 억누르고, 개인의 행복보다는 타인이 나를 어떻게 느낄까 전전긍긍하며 평생을 보내게 됩니다. 나의 부모님도 나의 조부모님도 회사의 대표님, 시대 어른, 누구라도 할 것 없이 누구나 마음속에 어린아이가 있습니다. 그렇지만 모두 숨기고 살고 있습니다.

- 이런 나로 살아도 괜찮습니다

어릴 땐 '장난감이 좋아요.', '아이스크림이 좋아요.'라고 확실하게 취향을 말했지만 지금은 그렇게 말하면 아직도 정신 못 차렸다고 할까 봐, 타인으로부터 존경받지 못하고, 사랑받지 못할까 봐 점점 회색 인간이 되어 살아갑니다. 그렇게 사는 게 당연한 듯 지냈는데 어느 날 펭수라는 친구가 나타나서 어른들 마음에 불을 지피기 시작했습니다. 펭수의 원래 타깃은 어린이들이었습니다. 하지만 펭수에 가장 열렬히 열광하는 세대는 30대입니다. 이번 생은 처음이라 어른의 삶이 준비가 되지 않았는데 어른이 돼서, 조금 더 성숙한 척, 힘들지 않은 척 어른의 역할극을 하고 살아가는 우리에게 펭수의 말은 큰 위로와 공감이 돼줍니다.

어느 날 펭수에게 한 팬이 펭수를 챙겨보느라 행복해졌지만, 정작 공부는 많이 못 해서 걱정된다는 고민을 토로한 적이 있습니다. 그러자 펭수는 '그건 고민이 아닌데요? 행복해지셨다면서요?', '공부를 열심히 하는 것보다 중요한 건 행복해지는 거예요.'라고 말합니다. 분명 우리는 어린 시절부터 눈에 잡히지도 않은 그 언젠가의 행복을 위해 열심히 살았습니다. 어린 시절 대학을 가고 취업하기 위해 얼마나 수많은 밤을 지새우며 경쟁하고 좁은 취업문을 뚫고 이곳에 왔는데 일요일 밤만 되면 헬요일이 두려워지고, 평일엔 휴일만 기다리는 삶을 살면서 '이것이 내가 바라던 진짜 행복인가?'라고 물음을 가졌던 모든 이들에게 펭수의 말은 '우리의 생각이 혹시 잘못되진 않았나?' 하는 의문을 가질 수 있게 해줍니다.

또 그는 한 인터뷰에서 요즘 힘들어하는 사람들에게 메시지를 남겨달라고 하자. '내가 힘든데, 힘내라고 하면 힘이 납니까? 힘내라는 말보다 저는 사랑해라고 말해주고 싶습니다.'라고 말했습니다. 사실 누군가에게 힘들다는 말을 한다는 건, 위로받고 싶어서 했던 말인데 사실 우리는 습관처럼 '힘내라!', '잘할 수 있다.', '파이팅.' 등으로 타인을 위로를 했습니다. 사실 그게 위로가 아니라 오히려 상대에게 계속 짐을 주고 있었던 것입니다. '힘내지 않아도 괜찮다.', '실패해도 괜찮다.', '그래도 너를 사랑한다.'라고 조건 없는 사랑을 보여준 펭수 말에 우리는 어린 시절 조금 실수를 해도 넘어져서 울더라도 항상 괜찮다고 달래주던 엄마의 품을 떠올리게 합니다.

이제까지 우리가 꿈꾸고 바라는 일들이 과연 내가 바라던 일인지, 내가 진심으로 바랐던 꿈이었는지 확인할 필요가 있습니다. 왜냐하면 우리가 바라는 특히 우리가 절실히 바라는 모든 꿈은 나에게 그것이 없다는 생각, 결핍에서 출발한 꿈이 대부분이 때문입니다. 결핍이라는 생각의 원천이 되는 뿌리 생각을 살펴봐야 합니다. 예를 들면 당신이 돈이 없으니 매주 로또를 사면서 꼭 로또에 당첨되어 돈을 가져야 한다는 생각을 했다고 가정해 봅니다. 세상에 있는 수많은 돈 벌 수 있는 가능성을 닫아두고 로또 당첨이 아니면 돈을 벌 수가 없다는 생각, 그리고 로또가 안 되면 삶이 불행해질 것이라 생각하며 로또라는 꿈을 이루기 위해 로또 당첨에만 집중하게 됩니다. 내가 살면서 발견하게 된 내 장점, 내가 배운 지식과 경험, 내가 잘하고, 좋아하는 것들을 돈으로 바꿀 수 있는 수많은 기회들이 있습니다. 그런데 내가 가진 것들이 아무것도 아니라고 생각하고 로또가 아니면 안 된다는 편협한 사고를 하게 됩니다.

내가 진짜 바라는 꿈이라는 건 꿈을 향해 가는 여정마저도 즐거워야 합니다. 그리고 그 일을 하는 그 자체가 나를 즐겁고 행복하게 만들어야 합니다. 그리고 내가 바라는 어떤 목표를 이뤘다 할지라도 이것을 하는 일이 내 삶에 의미가 있어야 하고, 설령 그 일을 하는 것이 당장은 나에게 돈이라든지 그 무엇이 안 될지라도 내가 그 일을 지속할수록 이 일을 계속할 수 있는 가능성이 되는 용기와 희망을 곳곳에서 발견해야 합니다.

- 나로 살면서 누리게 되는 행운

앞서 이야기한 유튜브 채널 〈자이언트 펭 TV〉를 만든 이슬예나 PD는 대기업을 다니다 학창 시절의 꿈을 이루기 위해 뒤늦게 방송국 시험을 준비해서 PD가 되었습니다. 학창 시절에 막연하게 PD가 되고 싶다는 꿈을 꾸고, 연세대 신문방송학과에 들어가 대학교 4학년 때 여러 방송국 입사 시험에 응시를 했는데 번번이 떨어졌습니다.

그는 여러 번 좌절을 겪고 나니 방송국에서 일할 운명은 아닌 것 같다는 생각을 했습니다. 그는 졸업 후에 막연히 방송국 시험만 기다릴 수 없어서 PD를 포기하고 대기업에 들어갔으나 좋아하는 일을 하고 싶어 대기업을 그만두고 방송국 PD의 길을 가게 되었습니다. 우리에겐 〈자이언트 펭 TV〉를 연출한 PD로 알려졌지만 〈모여라 딩동댕〉, 〈하나뿐인 지구〉, 〈보니하니〉, 〈명 냥꽁냥〉 등 다양한 프로그램을 연출한 EBS 10년 차 PD입니다. 그는 과거의 대기업에 다닐 때 보다 수입이 20% 이상 줄었지만 대기업에 남지 않은 걸 후회한 적은 없다고 말합니다. 인생의 가치를 놓고 따져보면 지금 일을 하면서 훨씬 값진 것을 얻었다고 합니다. 기업에서 일할 때는 수동적으로 일하는 경우가 많았는데, PD로서 프로그램을 제작하면서부터는 스스로 기획하고 만들고 창작하면서 매순간 성장하며 강해지고 있다고 합니다.

누군가는 왜 그렇게 좋은 회사를 그만두었냐 하겠지만 그는 당시 대기업을 그만둔 선택이 본인 인생에서 제일 잘한 일이라고 말합니다. 세상 사람들이 말하는 행복인 좋은 기업, 높은 연봉 대신 자신의 행복을 선택했습니다. 하지만 좋아하는 일을 즐겁게 하다 보니 당연히 좋은 결과로 이어졌습니다. 자신을 행복하게 만드는 것이 뭔지 정확하게 아는 PD가 연출하는 프로그램이니 그의 신념과 철학이 당연히 프로그램에도 녹여낸 결과가 되었습니다. 그가 살면서 느낀 신념과 철학, 결국 우리가 바라는 '진짜 행복은 어떤 것인가?'라는 물음을 우리는 펭수를 통해 하게 됩니다. 많은 사람들은 10분짜리 귀여운 펭귄 캐릭터가 나오는 가벼운 영상을 소비했지만 그 영상 속에 담긴 진짜 행복에 대해 고민하게 됩니다.

펭수를 보는 시청자들은 어쩌면 살면서 단 한 번도 진지하게 생각해 본 적 없는 내 삶의 진짜 행복에 대하여, 진심으로 날 사랑하는 것에 대하여 생각할 기회를 주었습니다. 이슬예나 PD가 펭수를 통해 전달하는 메시지는 명료합니다. 자신을 사랑하는 것 그리고 행복하게 살라는 것 그뿐입니다. 우리는 돈을 원했고 성공을 원했다 하지만 진실은 그것이 아닙니다. 우리가 삶에서 정말로 원했던 건 사랑뿐입니다. 그렇기 때문에 우리는 펭수의 한마디에 크게 공감하며, 울고 웃을 수 있는 것입니다.

어떤 이의 꿈이 명문대를 가고 대기업에 입사하는 것이라면, 꿈을 이루려는 목표 속에 숨은 의도가 진짜 자신을 위한 것인지 그것이 진정 사랑인 것인지 살펴봐야 합니다. 내가 원하는 그 일을 이루면 부모님이 좋아하실 것 같아서, 친구들이 부러워할 것 같아서 등 나의 인정이 아니라 타인의 인정을 바라서 이루고자 하는 일인지 확실히 구분해야 합니다. 단순히 내가 원하는 특정 목표를 이루기만 하면 된다고 생각한다면 그것을 이루는 순간 당신은 불행하게 될 것입니다. 하지만 자신의 꿈과 미래를 생각했을 때, 내가 가는 그 길이 아무리 힘들고 어렵더라도, 또한 아무도 나를 인정해 주지 않는다 할지라도, 그럼에도 불구하고 나의 영혼을 행복하게 하는 일이라면 나 자신을 믿고 끝까지 포기하지 않는다면 꿈에 다가갈 수 있습니다.

펭수가 우리에게 말합니다.

'다 잘할 순 없어요. 펭수도 달리기는 느립니다. 하지만 잘못했다고 너무 속상해하지 마세요. 잘하는 게 분명 있을 겁니다. 그걸 더 잘하면 돼요.'

04

당신이 바로 플라시보다

- 용한 점집의 진실

　신년이 되면 많은 사람들이 자주 가는 그곳, 바로 점집입니다. 저도 지난 몇 년간 샤머니즘에 쓴 돈을 다 더한다면 한사람 대학 등록금 정도는 써본 것 같습니다. 신년운이라든지 대운이라든지 나의 미래가 궁금한 사람들은 그곳에 가서 자신의 미래를 물어보곤 합니다. 저도 한 달에 작게는 몇 십에서 몇 백까지 용하다는 곳은 안 가본 곳이 없을 만큼 샤머니즘 마니아였습니다. 점집에 가서 좋은 말을 듣게 되면 하늘을 날 듯이 기뻤고 안 좋은 예언을 해주시면 없었던 고민이 생겨나기도 했습니다. 그러던 중에 어느 곳은 신내림을 받으신 분이 항상 확신에 찬 것처럼 어떤 예언 같은 걸 해주셨는데, 처음 몇 번은 맞았지만 그곳을 오래 다니다 보니 그 말이 맞을 때도 있고 맞지 않을 때도 많았습니다.

그래서 도대체 저들은 어떤 기준으로 나도 모르는 나 자신에 대해서 확신에 찬 이야기를 하고 예언을 하는지가 궁금해졌습니다. 사주팔자가 정해져 있다면 왜 정해져 있는지 왜 나는 이렇게 살아야 하는지 궁금해서 주역이나 역학 같은 책을 둘러보기 시작했습니다.

궁극적으로 오랜 공부를 하면서 내린 결론은 삶은 어느 정도 정해져 있는 것은 맞습니다. 내가 태어난 이곳, 대한민국 그리고 나를 있게 한 우리 부모님 내가 태어난 날, 내 혈액형, 내 성별, 내 이름은 이미 정해져서 내 삶에 와버린 것입니다. 그래서 이것이 사주의 영역이라면, 내가 살아가면서 바꿀 수 있는 것들, 사는 곳, 직업, 만나는 사람들은 팔자의 영역이라는 것입니다.

아주 오래전에 방송되었던 〈이영돈 PD가 간다〉라는 프로그램이 있었습니다. '대한민국 10대 점술가를 검증하라' 편에서 제작진이 유명한 점쟁이들을 찾아가 실험 카메라를 통해 그들의 실력을 검증하는 프로그램이었습니다. 검증 방법은 연쇄살인마의 사주와 어린 나이에 납치를 당해 살해당한 아이의 사주를 점쟁이에게 묻는 것이었습니다. 그중엔 신기할 정도로 용한 점쟁이도 있었지만, 대부분은 사실과 다른 이야기를 하는 경우가 많았습니다. 제

작진이 마련한 테스트에 첫 번째 관문을 통과한 점쟁이는 겨우 6명이었고, 그 이후 테스트에서도 2명이 통과했습니다. 자신의 점성술이 최고라고 자신하던 점쟁이도 자신의 점괘를 100% 신뢰하지는 않았습니다. 그 방송에서 천만 원이 넘는 복비를 들여 점괘를 봤지만 딱 들어맞았던 점괘는 불과 몇 개뿐이었습니다.

삶은 불확실성의 연속입니다. 우리가 태어난 운명에 의해 살아가는 곳 주변 환경은 어느 정도 정해져 있다고 느낄 수 있습니다. 하지만 그 수많은 길 가운데 어떤 길을 선택하고 어떤 기분으로 걸을지는 나의 선택입니다. 비탈길을 달릴 수도 있고, 꽃길을 자전거 타고 지나갈 수도 있습니다. 감사와 행복을 느끼며 살아갈지 불행과 불안을 느끼며 살아갈지 이 모든 것은 외부 조건과 상관없이 나의 선택입니다.

우리는 시나리오대로 흘러가지 않으면 불안함을 느낍니다. 점집에 가는 근본적인 이유는 내 인생을 스스로 통제할 수 없다는 불안감 때문에 누군가에게 확인을 받고 싶은 것입니다. 우리는 컨트롤할 수 없다고 느끼는 변수를 만나게 되면, 잘하던 일도 그르치게 되고, 무력감을 느끼게 됩니다. 지금 코로나19로 많은 사람들이 힘들어하는 큰 이유도 내가 통제할 수 없기 때문입니다. 코로나19가 내일 종식될지, 1년 뒤에 종식될지, 10년 뒤에 종식될지 모르기 때문입니다.

그러므로 그저 불안함을 인정하는 것입니다. 그리고 인생에 쪽대본을 써보는 것입니다. 삶에서 변수를 만나면 다른 플랜으로 넘어가면 됩니다. 다른 플랜이 실패한다면 또 다른 플랜으로 넘어가면 됩니다. 중요한 것은 내 인생은 결국 잘 흘러갈 것이라는 믿음을 가지고 끝까지 포기하지 않는 것입니다. 타로 마스터로 잘 알려진 정희도씨가 MBC 〈마이리틀텔레비전〉이라는 TV 프로그램에 나와서 상담을 받으러 온 사업가들은 자신의 고민거리를 이야기를 하고, 자신의 역할은 들어주는 것이라는 이야길 했습니다. 그러다가 자신의 이야기 속에서 해결 방법을 찾아서 가기도 하고 자신의 어떤 조언에 힌트를 얻어 간다고도 말합니다. 결국 어떤 점괘가 내 인생을 풀리게 하는 결정적 이유가 되지는 못합니다.

- 행운의 부적은 당신도 만들 수 있습니다

1998년 우리나라가 국가 경제적 위기에 처했을 때, 우리나라에서 골프 여제로 알려진 박세리 선수가 당시 22살의 나이로 미국 진출을 하게 됩니다. 데뷔 첫해에 세계 메이저 대회 US오픈을 연장전까지 끌고 가버린 신인 박세리는 마지막 18번 홀 샷이 물가로 빠져버린 위기를 맞이합니다. 그때 박세리는 벌타(벌점)를 받고 공을 집어 드는 대신 직접 쳐서 올리는 과감한 도전을 선택합니다. 누가 봐도 무리수인 도전이었습니다. 하지만 그녀는 위기를 기회로 바꿔 결과는 US오픈 최연소 우승자가 됩니다. 한 인터뷰에서 그 당시 어린 나이에 어떻게 그런 용기를 냈냐고 질문하자, 박세리가 이런 말을 합니다. '항상 저는 자신에게 육체적으로, 정신적으로 강해져야 한다고 주문했습니다. 경기장에서든 호텔 방에서든 혼자 연습할 때든 언제나 스스로에게 강해져야 한다고 저에게 말했습니다.' 박세리는 매 순간 스스로에게 마법의 주문을 걸었던 것입니다. 그리고 그 샷을 날리는 순간에 자신이 거기에 모든 정신을 집중시키면 자신이 하려는 모든 것들을 해낼 수 있다고 믿었다고 합니다.

우리는 우리 자신의 플라시보가 될 수 있습니다. 누군가에게 당신은 괜찮은 사람이라는 말을 듣고 용기를 낼 수 있지만, 타인이 해주는 말과 나 자신이 나에게 해주는 말과는 사실 큰 차이가 없습니다. 그 말을 진심으로 믿고 안 믿고가 차이를 판가름하는 것입니다. 부적이든, 굿이든 내가 진심으로 믿을 때 효과가 있습니다. 하지만 그런 걸 하지 않아도 나 자신에게 누구보다 용한 점쟁이가 되어 점괘를 내리는 것입니다. 올해는 운이 아주 좋고 하는 일마다 술술 풀린다고요. 우리가 해야 할 일은 외부에서 확신을 얻고 싶을 때마다 나 스스로가 나에게 용기를 주는 일입니다.

오랫동안 전 세계 부자 순위 1위를 굳건히 지켰던 빌 게이츠에게 기자들이 부자가 된 그 비결을 묻자, 그는 이렇게 말했습니다. "내가 부자가 된 비결은, 매일 스스로에게 두 가지 말을 반복했기 때문입니다. 그 하나는 '오늘은 왠지 나에게 큰 행운이 생길 것 같다.'이고 또 다른 하나는 '나는 무엇이나 할 수 있다.'는 것입니다." 여러분은 아침에 눈 뜨자마자 무엇을 하시나요? 습관적으로 뉴스를 보고 친구의 SNS를 보며 한숨과 질투로 하루를 시작하진 않으셨나요? 저는 제 인생이 나락으로 떨어질 때 그런 삶을 살았습니다. 그땐 뭐가 잘못된 것인지 몰랐습니다.

지금은 아침에 눈이 떠질 듯 말 듯 할 때 가장 기분 좋은 느낌을 불러일으키는 상상을 합니다. 그리고 입 꼬리에 자연스러운 미소가 지어지면 그 기분을 유지하고 깊은 호흡을 합니다. 호흡을 통해 내 온몸에 감각을 느껴보는 보디 스캐닝을 하면서 행복한 느낌을 5-10분 정도 유지하고 하루를 시작합니다. 아침에 일어나서 거울을 보며 양치할 때, '오늘은 정말 좋은 일이 생길 거야!'라고 말해보는 이 작은 습관이 뿌리가 된다면, 우리의 삶이 빌 게이츠처럼 될지 그건 모르는 일입니다. 그러니 내 삶에 가장 강력한 플라시보는 내가 만들어 보는 것입니다.

05

보이지 않는 것을 믿는 힘

- 삶을 바꾸는 원동력, 믿음

저는 삶에서 한 줄기 빛을 찾고자 했을 때 실패를 딛고 성공한 창업가들의 인터뷰를 많이 찾아봤습니다. 인터뷰들을 보면 많은 매체에서는 실패를 딛고 일어선 성공한 결과에 집중했습니다. '바닥에서 시작해 몇 억 매출 신화' 같은 자극적인 헤드라인 뒤에는 그들이 실패 이후 어떤 노력을 했는지도 잘 알려져 있었습니다. 저는 그들이 실패 직후 다시 일어서게 되는 계기, 터닝 포인트가 늘 궁금했습니다. 실패 끝에 일어선 당사자들은 사실 이 원동력이 되는 원천, 그 시작점이 무엇인지 자신도 잘 모를 때가 많습니다. 다양한 사람들의 인터뷰를 돌려보다 저는 그들 이야기에서 해답을 찾을 수 있었습니다.

세계 최대 도시락 체인 '스노우폭스'의 김승호 회장은, 국내에서는 얼마 전 베스트셀러가 된 『돈의 속성』의 저자로 많이 알려져 있습니다. 그는 가족 이민으로 미국으로 건너가 살면서 7번 사업에 도전했는데 7번 모두 실패했습니다. 그렇게 매순간 실패하고 다시 일어서기를 반복하며 8번째 도전한 '스노우폭스' 도시락 브랜드로 재기할 수 있었습니다. 그는 7번째 사업을 실패했던 날 저녁, 집에 돌아와 아내를 보고 펑펑 울었는데 그때 아내가 등을 두드려주며 내가 서빙 일을 해서라도 돈을 댈 테니 다시 나가서 사업하라는 말을 듣고 정말 힘들었던 순간에 아내가 나를 믿어줬기 때문에 다시 사업을 할 수 있었다고 했습니다.

유튜브에 크리에이터 태용이 운영하는 〈EO〉라는 채널이 있습니다. 이 채널은 스타트업 씬의 성공과 실패, 그 이면의 다양한 이야기를 다루는 채널입니다. 이 채널은 크리에이터 본명인 태용으로 시작했는데, 태용이라는 이름의 한글 철자 티읕, 이응을 영어 알파벳 〈EO〉로 짧게 변경했습니다. '모든 사람이 기업가 정신을 갖고 스스로의 기회를 만들어갈 수 있도록 하자'는 뜻으로 'EO : Entrepreneur&Opportunities'라고 채널명을 지었습니다. 〈EO〉 채널을 운영하는 태용 역시도 화려한 창업 뒤에 사업의 성공과 실패를 겪게 되면서, 성공한 창업가의 생각들이 궁금해서 단돈 350만 원과 카메라 한 대를 들고, 미국 실리콘밸리로 무작정 떠났습니다.

아는 사람 한 명도 없는 실리콘밸리에 가서 물어물어가며 창업가의 인터 뷰를 해서 유튜브에 올리면서 사람들에게 알려지기 시작했습니다. 태용은 다양한 분야의 창업가 인터뷰를 하면서 그들의 다양한 성공과 실패 사례를 봐왔는데, 실패했을 때 어떻게 다시 일어서게 되었는지 물어보면 대부분의 창업가들이 '누군가 나를 믿어줬기 때문'이라는 말을 가장 많이 했다고 했습 니다. 그러면서 그들은 자기 주변에 나를 믿고 지지하는 사람들을 많이 두라 고 조언했습니다.

많은 사람들이 내가 원하는 대로 지금 살지 못하는 이유는 금수저가 아니 라서, 돈이 없어서, 시간이 없어서라고 생각합니다. 제가 분명히 말씀드릴 수 있는 건, 지금 삶이 정말 힘들다면, 그 이유는 나 자신을 믿지 못하고 나의 모 든 면을 사랑하지 않았기 때문입니다. 우리가 삶에서 위기를 맞이했을 때 가 장 필요한 건 자신에 대한 믿음과 사랑뿐입니다.

- 눈에 보이지 않는 것들을 믿을 때 삶은 변합니다

우리는 공기가 눈에 보이지 않지만 공기가 없다면 단 하루로 살아 숨쉬기 어렵습니다. 전기도 우리 눈에 보이지 않지만 전기가 하루라도 없다면 모든 일은 정지가 됩니다. 이렇듯 우리 삶에 필요한 정말 소중한 것들은 눈에 보 이지 않는 것들이 많습니다. 우리는 내가 아는 만큼 세상을 해석할 수 있습니다. 우리가 사용하는 노트북, 스마트폰 각종 프로그램과 게임도 내가 아는 만큼만 사용할 수 있습니다.

우리의 삶도 그렇습니다. 삶의 이치를 이해하지 못하면, 내가 딱 이해한 만큼만 세상을 바라볼 수 있습니다. 대다수의 사람들은 눈에 보이지 않는 것들은 믿지 못합니다. 사람들은 우리가 살아가는 이곳, 지금 눈앞에 보이는 것만 세상의 전부로 여깁니다. 장담컨대 이것은 우리의 전부가 아닙니다.

새로운 삶을 시작하고 싶다면, 눈에 보이지 않는 것, 만져지지 않는 것, 느껴지지 않는 것을 믿기 시작해야 합니다. 내가 눈에 보이지 않는 그것을 믿는다는 것은 나는 나의 미래에 투자한다는 뜻입니다. 내 미래가 내가 원하는 것처럼 그렇게 보인다고, 믿는 것입니다. 그렇게 나 자신을 믿으려면 내 안에 단단한 믿음의 원천인 사랑이 있어야 합니다. 두려움, 분노, 공포, 괴로움으로 믿음을 만들어 낼 수 없습니다. 나를 믿는다는 것은 나를 사랑한다는 것입니다. 나를 사랑한다는 것은 허용한다는 것입니다. 현재의 모습이 어떠하든 내가 원하는 내가 바라는 삶의 그 주인공이 나임을 허용하는 것입니다. 불안한 마음이 올라오면 인정하고, 다독여 주면서 자신을 포기하지 않고, 믿음으로 걸어 나가는 것입니다.

지금 주변에 나를 믿어주는 사람이 단 한 명도 없다면, 외부에서 사랑을 구걸하지 말고, 내 안에 믿음의 에너지를 키워나가는 연습을 해보는 것입니다. 수백만 구독자를 지닌 유명 크리에이터도 시작은 1명의 구독자에서 시작했습니다. 수억 원의 매출을 올리는 회사도 처음엔 고객 1명, 한 개의 주문으로 시작했습니다. 한 달 동안 10만 원을 모으려면 주말을 제외한 20일간 매일 5천 원씩 모으면 됩니다. 그 돈이 1년이 되면 120만 원이 됩니다. 5천 원으론 커피 한 잔을 살 수 있지만 120만 원이면 원하는 노트북을 살 수 있습니다. 매일 오천 원이 120만 원의 돈이 되는 것처럼, 내 안의 믿음도 나를 믿어주는 사람들도 눈덩이를 굴리듯 조금씩 불려나가면 됩니다. 내 내면의 에너지를 사랑과 믿음의 에너지로 채우고 나면, 나의 에너지에 동조하는 사람들이 내 곁으로 다가와 나의 꿈을 응원하고 지지하게 됩니다.

Don't Make a Wish,
Make a Good Vibe

- 원하는 것을 갖는 현실 창조의 원리

계절이 바뀔 때 특유의 향이 있습니다. 수능 시험을 기점으로 완연한 겨울은 아니지만 가을과 비교하면 조금 더 무겁고, 차가운 바람이 불다가 크리스마스가 다가오는 12월 초가 되면 그렇게 춥고 쓸쓸하게 느껴졌던 겨울 느낌이 포근하고 따뜻한 느낌으로 바뀝니다. 한마디로 표현하자면 새벽녘에 소복소복 쌓이는 함박눈 같은 느낌이라고 저는 표현하고 싶습니다. 거리에 크리스마스 트리와 반짝이는 조명들이 설치되고, 캐럴이 나오기 시작하면 시린 추위도, 엄마 품처럼 포근하게 느껴지는 겨울 특유의 무드가 있습니다.

이렇게 세상에 피어나는 모든 만물은 실제로 이것이 나에게 오기 전에 어떤 느낌을 가지고 옵니다. 우리 육안으론 보이지 않는 영역에서 무언가가 시작된다는 이야기입니다. 그리고 그 느낌을 받게 되면 우리는 다음 상황에 어떤 것이 올 것이라고 확신하게 됩니다. 더 정확히 말하면 의심을 하지 않고 당연하게 생각합니다. 봄이 오지 않았지만 봄이 올 것이라는 확신을 하게 됩니다. 그 느낌은 주로 과거에 경험했던 기억일수록 더 명확하게 기억해서 몸은 이 순간에 있지만 나의 모든 감각기관은 그때의 나에 잠시 머무르게 합니다. 봄 캐럴이라고 불리는 장범준의 〈벚꽃 엔딩〉의 한 소절, '봄바람 휘날리며~'만 듣게 돼도, 우리는 살면서 그 노래와 함께 봄에 경험했던 모든 추억을 주르륵 기억해냅니다.

우리가 삶에서 느끼는 특정 느낌은 사실 어떤 결과를 만드는 실체가 됩니다. '느낌이 왜 실체가 되죠?'라고 생각하실 수 있지만, 우리는 오감을 통해 그 감정을 불러오는 느낌을 느끼려고 외부에서 무언가를 원합니다. 나에게 아무런 설렘이 없고, 좋지도 않고 심지어 싫지도 않은 아무 감정이 들지 않은 것들은 내 삶으로 불러올 수 없습니다. 아무리 조건이 좋고, 내가 찾아왔던 이상형에 가까운 이성을 보더라도, 우리는 설레지 않으면 가질 수 없습니다.

삶에서 우리가 늘 합리적으로 생각한다고 착각하며, '그것이 필요하기 때문에, 그것이 있어야 내 삶이 편하니까.'라고 말하는 모든 것들도 사실은 내가 그것을 가지고 있음으로 인해서 삶이 조금 윤택해지는 그 느낌을 경험하기 위해 구매를 하는 것입니다. 맛있는 과일을 먹으며 느끼는 그 달콤함, 아삭한 식감을 경험하길 원하고, 로봇청소기를, 식기세척기를 쓰며 나의 휴식 시간을 마련해 주는 그 편안함을 경험하고 싶고, 명품 브랜드가 주는 가치를 소비함으로 인해서 느끼는 부유한 느낌, 사람들의 시선을 경험하길 원합니다.

삶에서 여러분이 간절히 원했던 것들을 가졌을 때의 상황을 하나 기억해 내보세요. 저는 몇 개월 전 애플워치를 구매했는데, 사실 저는 애플워치에 관심이 없었습니다. 애플워치 기능이 좋아보였지만 전 그때까지만 해도 손목에 뭘 차는 것을 좋아하지 않았습니다. 그 뒤로 몇 개월이 지나자 수영장에 점점 애플워치 차는 사람들이 늘어났습니다. 저는 소위 말하는 앱등이 (애플 제품을 사랑하는 마니아)입니다. 제가 쓰는 IT 기기는 모두 애플 제품이고, 디자인을 잘하려면 애플을 써야 한다는 무의식에 저장된 저의 생각이 습관적으로 제품을 구매하게 했습니다.

항상 저에겐 다음번에 사야 할 애플 제품 리스트가 있었습니다. 그래서 애플워치에 한 번쯤 관심 가질 법도 했는데, 딱히 구매하고 싶단 생각이 들지 않았습니다. 그런데 어느 날 제 동생이 저에게 이런 말을 합니다. '언니, 요즘 잘나가는 스타트업 대표들은 다 애플워치를 차는 것 같아. 뭔가 스타트업의 상징은 애플워치야!'라고 했던 이 말이 저의 심장을 요동치게 만들었습니다.

그리고 제가 좋아하는 스타트업 대표님들이 유튜브 채널이나 방송에서 애플워치를 차고 나오는 모습을 지속적으로 보게 되었습니다. 저도 왠지 저걸 차게 되면 나면 잘나가는 스타트업 대표의 분위기를 가질 수 있을 것만 같았습니다.

그때부터 '잘나가는 스타트업 대표=애플워치'라는 아주 비논리적인 느낌이 제 가슴 안에 생성되기 시작했습니다. 애플이라는 브랜드는 'Think different'라는 슬로건으로 디자이너들에게 영감을 많이 주는 브랜드로 잘 알려져 있습니다. '그래, 창의적인 생각을 하려면 애플워치가 있어야겠네!'라는 아주 비합리적인 사고로 이어졌고, 그날부터 저는 온라인에서 하루에 몇 번이고 애플워치 후기를 읽어봤습니다. 그렇게 한 달이라는 시간이 흘렀습니다.

팔찌 말고는 손목에 무겁게 뭐 차는 걸 좋아하지 않는 저는 시계가 무거울 것 같아서 '내가 이걸 잘 쓸까?' 하는 고민과 '비싸지 않은데 써보고 별로면 팔지.'라는 생각으로 머릿속을 꽉 채웠습니다. 상사병에 걸린 것처럼 매일 아침 눈떠서 애플워치 후기를 보고, 결정을 내리지 못하는 제가 새삼 이해가 되지 않았습니다. 그리고 '그래, 후회하더라도 사고 나서 후회하자.'고 생각을 바꾸었습니다.

드디어 '애플워치를 차면 성공한 스타트업 CEO 같아!'라는 비합리적 생각이, '난 원래 손목에 뭘 차는 걸 싫어해'라는 이성적 판단을 이기게 된 것입니다. 그리고 고민했던 시간이 아까울 만큼 알차게 사용하고 있습니다. 이 이야기는 우리가 감정과 느낌, 오감을 이용해 어떤 물체를 생각하고 심장 안에서 그 느낌을 지속적으로 불러일으키면 어떻게 창조가 되는지 과정을 적은 것입니다. 심장 안에서 내가 바라는 물질과 나의 에너지가 동일한 주파수로 느낌을 방사하게 되면 주변에서 지속적으로 그것을 발견하게 됩니다. 그리고 발견하는 순간에 무의식에 강력하게 각인이 되고, 결국엔 내가 느낌으로 가지고 있던 것을 실체로 가지게 되는 것입니다.

- 느낌이 실체를 만들어 냅니다

내가 무엇을 원하고 바랄 때는 단순히 생각만 해서는 그것을 갖기 어렵습니다. 생각은 행동을 유발하기에 에너지가 약하기 때문입니다. 일반적으로 생각만 하는 것들은 보통 이성적 판단이 개입하기 때문에, 마음에 방어벽이 높아 깊은 가슴 안으로 그 느낌을 가져오기가 힘듭니다. 보통 그런 것들은 내 삶에 있어 그렇게 설레지 않은 것들이 대부분입니다. 느낌이 없는 것들은 지금 막 떨어져서 없으면 불편한 두루마리 화장지라든지, 매일 별생각 없이 쓰는 주방 세제와 같은 것들입니다. 하지만 내 삶에서 중요한 역할을 차지하고, 내 심장을 요동치게 만들고, 상사병에 걸리게까지 하는 모든 것들은 느낌을 동반해 먼저 내 삶에 옵니다. 강력한 감정, 그 느낌이 몸에 에너지를 타고 흐르면서 먼저 오는 것입니다. 그래서 그 느낌을 지속적으로 꾸준히 유지하고, '이건 꼭 가져야 해, 이게 아니면 안 돼!'라는 생각으로 에너지가 한쪽으로 쏠리지 않게 밸런스를 맞추면서, 내가 이미 가진 것 같은 느낌이 들거나, 그것을 갖고 싶다는 생각 자체를 잊고 집착 없이 살다 보면, 어느 날 그것이 내 삶에 자리하고 있게 됩니다.

이렇게 말하면 어떤 분들은 '제가 늘 바랐는데 제 삶에 오지 않았어요.'라고 하시는 분들이 계실 거라 믿습니다. 내가 그렇게 좋아하고 믿고 바라고 갖길 원했는데 오지 않았던 것들은 '이것이 아니면 안 돼!'라고 생각하고, 마음의 균형을 이루지 못하고 집착했을 가능성이 높습니다. 또 내가 그것을 갖는 게 괜찮다고, 나 자신을 허용하지 않아서입니다. 빌 게이츠처럼 부자가 되는 일은 남의 일이라고 생각했을 것입니다. 상상 속에서 부자가 되어 아너 소사이어티에 가입하고, 사업가들과 어울리는 삶이 지금 편의점에서 삼각김밥을 사 먹는 것과 동일하게 느껴져야 하는데 그렇게 되지 않아서입니다.

우리는 어떤 행동 전에 그 행동을 생각에서 먼저 출발시킵니다. 무엇을 하려는 생각이 일어나고, 생각을 옮겨 행동을 하게 됩니다. 수많은 생각 중에서 하나의 행동이 창조됩니다. 그렇다면 생각은 어디서 일어나는 것일까요? 생각은 감정에서 일어납니다. 생각의 집합체가 감정입니다. 감정이 생각의 근원이 되는 것입니다. 수많은 감정 중에 하나의 생각이 생겨나게 됩니다.

아침에 눈을 떴을 때 생각해 보세요. '5분만 더 잘까? 아니야 지금 안 일어나면 지각하게 될 거야. 회사에서 벌금을 물게 될 거야, 부장에게 한소리 듣겠지?' 등등 수많은 옵션들이 생각나고 그중에 가장 나를 유혹하는 느낌 하나를 선택합니다.

우리는 TV 속에서 강호동이 라면을 아주 맛있게 먹는 장면을 목격하게 됩니다. 그날은 허기가 지지도 않았고, 라면을 먹고 싶단 생각 자체를 안 했던 날입니다. 하지만 강호동이 물을 끓이고, 스프를 넣고 라면을 끓여 맛깔나게 면발을 입에 후루룩 넣는 순간! 파김치를 올려 라면과 한입 베어 무는 순간! 우리는 오감을 자극해 내가 맛있게 먹었던 라면의 맛, 그때 그 느낌을 자동 반사적으로 아주 자연스럽게 불러냅니다. 말랑하고 탱탱한 면발이 입안을 휘감는 느낌, 얼큰한 국물 맛, 거기에 아주 맛있는 김치까지. 강호동은 젓가락 한입을 넣었을 뿐인데 이미 내 머릿속에는 밥까지 말아먹는 느낌까지 상상하며 내 심장 어딘가에서 각인된 느낌을 불러오게 됩니다.

오감을 통해 맛있었던 그 기억이 떠오릅니다. '참아! 너 지금 다이어트 중이잖아!'라는 생각으로 나의 행동을 제어하려고 하지만 이미 느낌까지 가져와 버린 이상 그 행동을 제어할 방법은 거의 없습니다. 의지로 참아도 결국 무의식에 각인된 느낌이 승리합니다. 결국 참다 참다 광고 시간이 돌아오자 나는 얼른 물을 올리고, 라면 봉지를 뜯어 라면 하나를 끓여 냅니다. 한 그릇 뚝딱

TV 속 강호동과 맛있게 먹고 나니 후회가 밀려옵니다. 내일 얼굴 붓겠다, 살 찌겠지 등 라면 먹기 전에 했으면 좋았을 합리적인 생각을 라면 한 그릇을 다 먹고 난 뒤 하게 됩니다.

수능 시험을 3개월 앞두고 시험을 준비해 의과대학에 들어간 학생이 있었습니다. 독서실에서 수능 시험을 공부할 때 수술복을 입고, 전문의 시험을 준비하는 느낌으로 수능을 공부했습니다. 수능 준비를 하고 있지만 운동복 대신 수술복을 입으니 이미 의사가 된 느낌을 그대로 몸에 각인할 수 있었던 것입니다. 현재는 수능 공부를 하고 있지만 느낌을 통해 이미 의사 면허를 따고 전문의 시험을 준비하는 모습을 상상한 것입니다.

이 이야기는 『바이브』(VIBE: Vivid Imagination with a Belief of Equalization)를 쓴 이하영 작가의 실제 경험입니다. 어릴 때 수학과 물리를 좋아해서 포항공대를 합격해 대학 생활을 시작했지만 자신이 상상했던 대학생의 삶과 실제로 학교를 다니면서 느꼈던 기분이 달랐던 것입니다. 그렇게 고민하던 차에 우연히 연극 동아리를 통해 정신병원 의사 연기를 하게 되면서 의사의 매력에 빠졌고, 그는 의대 시험을 준비해 의사가 되었습니다. 그는 어릴 때부터 'VIBE'의 법칙을 알고 사용했다고 합니다. 생생하게(Vividly) 상상하고(Imagine), 상상이 이루어진 것(Equalization)에 대한 믿음(Belief)을 가지면 꿈은 현실이 된다고 책은 강조합니다.

- 설레지 않으면 가질 수 없습니다

　지금 삶에서 이루고 싶고 바라고 싶은 것이 있다면 소원을 빌지 말고 바이브를 가져와야 합니다. 소원은 머리로 비는 것이지만 바이브는 가슴으로 느끼는 것입니다. 바이브는 심장을 관통해 흐르는 느낌입니다. 이 느낌은 언제나 세 가지 감(感)을 가져옵니다. 감탄, 감사, 감동, 이 느낌이 우리 심장 안에 흘러야 비로소 창조가 됩니다. 삶에서 감탄, 감사, 감동을 자주 실천하면 내가 원하는 바를 쉽게 이룰 수 있습니다. 우리 대부분은 항상 생각과 판단에 집중이 되어 있어서 별것 아닌 일에 감동을 느끼고 감탄을 하며, 이 상황에 감사하기가 힘듭니다. 오늘 눈을 떴다는 사실에, 내가 오늘 밥을 먹을 수 있다는 이런 사소한 일에도 세 가지 감을 실천하는 것입니다.

　말로 설명하긴 어렵지만 내가 과거로부터 아는 그런 느낌, 내가 기대했던 그 느낌과 정확하게 맞아떨어지는 그런 무드, 분위기, 향, 촉감, 소리가 있습니다. 눈을 감고도 그려볼 수 있는 설레는 느낌입니다. 머리로 판단을 하지 말고, 내가 지금 삶에 초대하는 느낌이 무엇인지 상상해보고 설레는 느낌에 집중하다 보면 내가 원하는 것들이 내 현실로 나타나게 됩니다.

　지금 내 생각과 감정이 우울함과 비통함, 슬픔에 빠져 있는 바이브인데 이것을 지우고, 행복하고 기쁜 바이브를 억지로 만들어 낸다면 오히려 역효과가 일어납니다. 가슴에 돌덩어리가 앉아 있는 느낌, 목 뒤에 피로 곰이 달라붙어 있는 느낌은 창조하기에 최악의 상황입니다. 심장이 깃털처럼 가벼운 느낌, 아무 약속도 해야 할 일도 고민도 없는 주말 오후 1시쯤에 늦잠을 자고 충분히 일어났을 때의 느낌이 창조하기 가장 좋은 상태입니다. 마음에 저항감이 생겨 두려움이 올라오면 창조를 하지 마세요. 당신이 바라지 않는 최악의 상황이 생기게 될 것입니다. 그럴 땐 호흡을 아주 느리게 5분 이상 하면서 먼저 심장을 아주 평온한 상태로 만드는 것이 우선입니다. 느낌이 먼저 느껴지지 않으면 편안한 호흡을 활용해 느낌을 만드는 것입니다.

내가 원하는 것을 갖게 되는 그 설레는 느낌을 유지하는 것이 수월하다면 당연히 외부 현실로 가져오기도 쉽습니다. 여러분이 야밤에 라면을 끓어먹는 창조 행위를 한 것처럼 말입니다. 지금 살면서 느끼고 싶은 그 감각을 그 느낌을 몸에 각인시켜보세요. 그리고 그 느낌이 너무 자연스러워서 몸에 일부분인 것마냥 완전히 잊고 있을 때 내가 바라는 일이 이뤄져 현실에 나타나 있는 것을 발견하게 됩니다.

처음엔 아주 만만하고 쉽게 이뤄질 것 같은 커피 쿠폰 같은 것을 느낌으로 가져와 커피를 선물 받고 마시는 느낌을 간직해보고, 그것을 현실로 가져오는 경험을 여러 차례 하면서 마음에 믿음을 키워 나가는 것입니다. 그런 믿음이 커지면 무의식에 각인이 되어 나의 신념이 됩니다. 내 마음에 이 법칙이 작동한다는 확신이 생기고 불안과 슬픔, 분노, 우울함 등의 감정 대신 기쁨, 행복, 희망, 감사와 같은 에너지가 차게 되면 여러분의 소원은 생각보다 빠르게 이뤄질 것입니다. 그러니 처음에 느꼈던 그 작은 느낌을 심장 안에서 키워나가는 연습을 조금씩 해보세요. 내 안에 사랑이 가득 차면 당연히 사랑스러운 일들이 내 삶에 나타나게 되어 있습니다. 바라는 일이 있다면 소원을 빌지 마세요. 대신 내가 원하는 느낌을 잘 간직하면 바라는 일들이 삶에 나타납니다.

PART 5

내 인생을 바꿔준
5가지
멘탈 트레이닝

지금 변화의 시작 앞에
서 있는 당신에게

- 나의 마음을 가꾸면 생기는 일

살면서 우리가 해야 할 일 하나를 꼽는다면 분별없이 자신을 사랑하는 것, 자기사랑을 실천하는 것이었습니다. 진짜 제대로 된 자기사랑을 시작한다면 우리 삶은 모든 면에서 순조롭게 흘러가며 매일매일 나아지는 것들을 발견할 수 있습니다. 모든 상황들이 내게 가장 필요한 시기에 정확하게 필요한 사람들을 만나게 하고, 사건들이 자연스럽게 펼쳐지면서 나를 원하는 곳으로 이끌어 가주는 경험을 하게 되었습니다. 그것들은 내가 의지를 발현하고자 했던 것들보다 더 적은 노력을 투자하고, 더 많은 것을 얻게 해주었습니다.

특히 삶에서 끊임없이 당신을 괴롭힌다고 느끼는 반복되는 문제들을 발생시키는 그 감정의 뿌리를 찾아 내면에 응어리진 감정을 풀어내면 외부의 상황과 사람들은 마치 최면에 걸린 듯 변하게 됩니다. 그러니 이제 외부를 바꾸려는 노력은 그만하셔도 됩니다. 포기하라는 이야기가 아닙니다. 지금 나에게 주어진 꼭 해야 하는 일들을 하면서 나는 내 마음만 바라보고 치유하며 영감을 받아 행동해보는 것입니다.

지금 내면에 정리되지 않은 감정들이 아직 많이 남아 있고 이것을 스스로 극복하기 힘들다고 느껴진다면 저는 심리 상담을 적극적으로 추천합니다. 심리 상태를 진단하고 심리 전문가와 적어도 30분 이상 마주하고 대화할 수 있는 심리 상담을 5회 이상은 추천하고 싶습니다. 심리 상담을 전문가와 함께 한다면 내가 고민하는 분야의 최고의 과외 선생님을 만나는 것과 같습니다.

인생에서 크게 상처를 받게 되었던 굵직한 사건 하나만 알게 되어도 그 사건과 연관된 많은 감정들을 치료할 수 있습니다. 나에 대한 이해 수준이 낮으면 어떤 사건을 통해 내가 상처를 크게 받았는지 그 결정적 힌트를 찾는 일이 쉽지 않습니다. 또 어떤 감정들은 스스로가 감당하기 어려울 정도로 격하게 올라오는 감정들이 있는데 지금 힘든 심리 상태를 겪고 있는 중이라면 지금 그 감정을 건드리면 안 되는 것들도 있습니다. 치유는 가랑비에 옷 젖듯 단계별로 이뤄지는 게 좋습니다. 보통 격하게 올라오는 감정을 잘못 건드리게 되면 내 표면의식에서 그것을 싫다고 거부하게 되고 그 싫은 감정들이 다시 무의식에 각인되어 다시 그 감정을 꺼내서 바라보는 데 한참 걸릴 수도 있기 때문입니다. 전문적으로 지식이 없는 상태에서 감정을 건드렸다가 더 큰 후폭풍을 맞이하는 경우도 있습니다. 하지만 전문가의 도움을 받으면 이런 여러 문제들을 조금은 쉽고 바른 방향으로 가도록 도움을 줍니다. 따라서 스스로 진단하기에 혼자 치유하기가 힘들다고 느낀다면 저는 전문가의 도움을 적극 추천하고 싶습니다.

특별히 건강에 이상이 없어도 우리가 매년 정기 검진을 받는 것처럼 내 마음의 병이 심각하다고 느끼지 않더라도 육신을 돌보듯 마음을 돌보는 것도 꼭 필요한 일입니다. 무의식에 잠재되어 있던 나도 모르는 생각들의 깊이가 사람마다 너무 다르고 잠재의식 속으로 들어가다 보면 생각지도 못한 억눌린 감정을 발견하기도 하기에 치유 과정이 결코 쉽지는 않습니다. 마음공부에서도 분명 재능이 있는 사람들이 있습니다. 그런 사람들의 특징은 공감 능력이 뛰어나고, 스스로에게 관대하며, 자신에 대해 잘 알고, 나와 타인에 대한 공감 능력이 뛰어나 타인의 마음도 헤아릴 줄 아는 사람들입니다.

이런 사람들을 한마디로 표현하면 심장이, 가슴이 열린 사람들이라고 할 수 있습니다. 즉 마음공부를 통해 상처를 치유하려면 가슴을 열고 내 삶에 나타난 모든 것을 이해하는 포용이 먼저 선행되어야 합니다.

- 마음도 근육처럼 단단하게

마음을 단련하는 것도 근육을 키우기 위해 근력운동을 하는 것과 같습니다. 하루 이틀 운동했다고 복근이 생기지 않는 것처럼, 내 안에 숨겨져 있는 근육을 찾아내기 위해 겉에 붙어 있던 지방들을 태우는 과정과 같이 마음 운동도 같습니다. 내 마음의 근육도 연습을 통해 내면의 힘을 길러주고 나면 내 속에 있었던 아름다운 감정들과 마주할 수 있습니다. 절망감, 분노, 수치심, 걱정 대신 희망, 행복, 성취감, 기대, 사랑 등의 감정들이 차근차근 올라와 내 내면을 가득 채웁니다.

하나둘씩 내 안에 가려져 있던 긍정성이 발견되고 나면 더 잘하고 싶다는 생각이 들 겁니다. 습관처럼 반복되었던 무기력한 일상과 별것 없었던 당신의 삶에 변화가 찾아오게 됩니다. 다이어트 지식만 쌓는다고 살이 빠지지 않는 것처럼 중요한 건 실전입니다. 변화를 일으키기 위해 자주 쓰지 않았던 평화, 행복, 기쁨, 감사 같은 마음의 근육들을 쓰기 시작해야 합니다.

처음 헬스장에 가서 PT 받았을 때처럼 온몸이 쑤시고 아픕니다. 마음 운동도 처음 시작하면 여러 감각적인 고통의 감정들이 올라옵니다. 분노, 수치심 등 격한 감정들이 올라와 나를 더 힘들게 할 수도 있습니다.

운동과 같이 몸속에 노폐물이 빠져나와 점점 개운해지는 것처럼 마음의 근육을 키우는 과정도 같습니다. 책에 제가 소개한 방법들을 적용해도 좋고, 검색을 통해 방법들을 찾아보고 나에게 적용해보면서 매일 연습해서 습관을 만드는 것입니다. 마음이 좀 괜찮아졌다고 돌보지 않는 것이 아니라 매일 밤 그리고 하루를 시작하는 아침엔 필수적으로 마음을 바라봐주시고, 이것이 익숙해지면 삶의 매초 숨결마다 내 감정들을 바라보고 치유하고 보듬어주는 것이 습관이 됩니다.

　오늘 하루 내가 잘했던 일, 좋았던 기분은 더 증폭되도록 칭찬해주고, 나에게 고통과 슬픔을 주었던 감정은 있는 그대로 보듬어줍니다. 그리고 그 슬픔을 달래서 더 긍정적인 감정으로 바꿔줍니다. 우리의 감정들도 각자 성장 배경에 따른 더 맞는 방법들이 있습니다. 상처가 많은 사람들은 더 많은 내면 아이와의 소통이 필요하고, 집착이 심한 사람은 더 많은 내려놓음이 필요하고, 생각의 중독에 빠진 사람은 마음을 비우는 연습이 필요합니다.

　통통한 뱃살에 복근을 새기려면 지속적인 운동이 필요하듯 마음도 마찬가지입니다. 제 경험을 통해 알게 된 방법들을 소개하지만 제 방법들이 맞지 않다고 느껴지신다면 또 다른 책을 통해 지혜를 얻고 자신에게 가장 맞는 방법을 선택해 습관이 될 때까지 연습하길 추천합니다. 그 무엇이 되었든 중요한 건 연습과 실천을 통해 지금까지 습관이 된 감정의 경로를 바꾸는 연습을 하는 것입니다. 책을 읽는 것보다 더 중요한 것은 책에서 배운 방법들을 생활에서 실천하고 스스로가 그 증거가 되는 것입니다.

멘탈 트레이닝 ① 신박한 정리

- 디지털 + 인간관계 디톡스

마음은 어떻게든 외부로 드러나게 되어 있습니다. 특히 마음이 어지럽고 괴로운 사람들은 주변이 엉망이 됩니다. 인간관계, 집, 컴퓨터 파일, 핸드폰 속 파일, 가방 안이 내 마음처럼 지저분합니다. 읽지도 않은 단톡방, 잘 보지도 않은 유튜브 구독 채널 등이 여러분의 마음을 대변하고 있습니다. 관심도 없는데 저것이 없으면 내 삶이 불안하다 판단하니 가지고 있어야 내 삶이 안전하다 믿고 혹시라도 얻게 될 좋은 정보를 놓칠까 봐 정보에 짓눌려 살게 되는 것입니다.

그러니 마음이 너무 괴로운데 무슨 일을 해야 할지 모르겠고 딱히 방법이 떠오르지 않는다면, 주변 정리부터 시작해보시길 추천해드립니다.

가장 처음은 디지털 디톡스부터 시작하는 것입니다. 팔로우만 하고 잘 보지도 않은 SNS의 채널들, 인플루언서들, 혹은 나에게 긍정적 영향을 미치지도 않는 모든 채널은 모두 언팔로우하시길 추천해드립니다. 누군가의 잘잘못을 팩트 체크하며 상대를 비방하고 폄하하는 채널들, 나는 그 사건에 연루되지도 않았고 그 사람의 삶이 나에게 긍정적인 영향을 미치지도 않는데 지속적으로 보는 채널들을 언팔로우하세요. 매일 아침 보면서 내 마음에 시기와 질투를 유발하는 채널들, 매일 아침 습관적으로 봤던 신문기사 뉴스 등을 다 끊어내시길 추천합니다.

뉴스에서 새로운 소식은 알아야 하지 않나요? 라고 하실 수 있습니다. 그런데 뉴스는 긍정적인 이야기보다 사건 사고의 고발과 문제점을 비판하는 내용이 위주입니다. 앞서 이야기했던 모든 채널들의 특징은 결국 내 무의식 회로에 부정적 사고 회로를 더 강화시킨다는 것입니다. 내가 그 채널들을 열심히 팔로우하고, 사건을 내 식대로 팩트 체크하고, 따진다고 한들 내 삶에 얻을 이득이 사실 별로 없습니다. 내가 함께 욕하고 그들을 지지하고 댓글을 단다고 한들 나에게 월급이 들어오는 것도 아니고, 내 생활에 보탬이 되는 것도 아닌데, 나는 습관적으로 부정적인 생각과 느낌들을 삶에서 자꾸 마주하길 원한다는 사실을 알아야 합니다.

내가 좋아하는 채널들을 떠올려보시고 그들의 채널이 나에게 행복한 느낌을 주고, 나도 해낼 수 있다는 희망을 주며 즐거움과 행복, 어떤 영감을 주는 채널이라면 구독하셔도 좋습니다. 하지만 내 일도 아닌 일에 에너지를 매일 갈아 넣으면서 아침마다 흥분하고 밤마다 그들의 채널에서 악플들을 보며 묘한 쾌감을 느끼고 계시진 않으신가요? 그렇다면 당신은 부정적 감정에 중독된 사람입니다.

내가 살면서 얻어야 할 정보, 내가 꼭 알아야 했을법한 정보들은 어떤 경로를 통해서든 나에게 옵니다. 내가 못 본 것은 내 것이 아니었던 것입니다. 쓸데없는 가십거리가 난무하고, 인터넷에 돌아다니는 각종 기사나 짤 그리고 비판적인 생각들을 자주 언급하는 단톡방에 의무감처럼 있지 않으신가요? 그냥 나오세요. 내가 거기 메시지를 보지도 않는데 창을 열어 알림 표시만 지우고 유지하는 것 자체가 삶에서 엄청난 에너지 소모입니다. 3개월 이내에 어떤 소통도 없었고 앞으로도 내가 여기서 어떤 소통을 하지 않을 것 같은 단톡방과 온라인 커뮤니티들은 모두 나오세요. 아무 일도 일어나지 않습니다.

핸드폰 안에 꼭 보려고 다운로드해둔 영화, 사진 파일, 각종 자료들, 친구들과 기억으로 남긴다고 찍었던 수십 장의 사진들, 하드디스크에 몇 년째 보지도 않은 모든 자료들은 모두 삭제하세요. 각종 온라인에 보관 중인 자료들도 마찬가지입니다. 과거에 습관적으로 백업을 해두고 지우지 않았던 데이터들도 다시 들어가서 보고 지워내세요. 지금은 이름조차도 기억이 나지 않은 옛 남자친구와 찍었던 사진이 백업 파일에 남아 있어 이별하는 커플들도 종종 봤습니다. 내가 집착하고 있던 인간관계, 내가 버리지 못하고 두었던 물건들을 모두 비워내세요.

- 인심도 쓰고, 돈도 벌고

〈신박한 정리〉라는 정리 프로그램은 정리를 통해 공간의 아름다움을 재조명하고, 정리를 통한 삶에 질에 대해 이야기하는 프로그램입니다. 요즘은 무엇을 사는 것이 너무 간편해진 시대입니다. 구매가 쉬워지니 신중하게 구매하지 않고, '한번 써 보고 아니면 버리자'는 생각을 하고, 정작 아까워서 버리질 못하게 됩니다. 옷장에는 몇 년 동안 단 한 번도 입어보지 않은 옷들이 넘치고, 그러면서도 입을 옷이 없다며 구매하고, 소중했던 기억 때문에 버리지 못했던 기념품, 다이어리, 책 등이 방을 한가득 메우고 있습니다.

집이 좁아서 터져 나갈 것 같은데도 비우지 못하고 있다는 말은 나는 그 물건이 필요한 게 아닙니다. 그 물건과 나를 동일시해서 물건이 사라지면 나도 사라질 것 같은 두려움에 버리지 못하는 것입니다. 지금 냉장고 속에 먹지도 않은 수많은 음식들을 떠올려보세요. 세트로 사면 할인해 준다는 말에 혹해서 샀다가 유통기한 내에 다 먹지도 못하고 음식물 쓰레기인 채로 냉장고에 한가득 있는 분들도 계실 겁니다. 비우지 못한 채로 계속 살아가니 매번 구매하는 것들은 쌓여만 가고 언젠간 먹겠지 생각했던 음식은 먹지 않고 유물처럼 냉장고에 그대로 있는 것입니다.

과거의 추억과 기억에 사로잡혀 짐들에 눌려서 내가 집의 주인인지 짐이집의 주인인지 모르게 사시는 분들도 계실 겁니다. 어릴 때 친구들과 함께 봤던 영화관 티켓, 수능 시험 성적표, 학교 다닐 때 썼던 리포트, 다이어리 등등매일 쳐다보지도 않은 것이고 1년에 한두 번도 꺼내보지 않는 기록들을 안고있는 것도 과거의 기억에 사로잡혀 현재를 살지 못하는 것과 같습니다. 지나온 과거도 중요하지만 지금의 나의 삶이 더 중요합니다.

지금 내 집을 둘러보세요. 서랍장부터 화장대 위, 싱크대 등을 머릿속으로떠올려보세요. 실제로 내가 매일 사용하는 것보다 아마도 언젠간 쓰겠지 하고 두는 것이 더 많을 것입니다. 내가 가진 것들 중에 1년 이내에 둘러보지 않았던 것들은 모두 버려도 삶에 아무런 지장이 없습니다. 심지어 집을 정리하다 보면 '내가 이런 물건을 샀었나?' 하는 것들도 있습니다. 물건을 구매할 땐그것이 없으면 안 될 것 같고, 꼭 필요해서 샀는데 막상 사서 쓰지도 않고, 방치만 해둔 물건들이 많다면 나는 그 물건과 나 자신을 동일하게 대한 것입니다. 자주 청소를 하면 거기에서 내 마음이 보이기 시작합니다. 내가 가진 물건들을 방치하고, 쓰지도 않고, 방 한구석에 처박아 두었다면 정리를 하면서 비로소 나는 나 자신을 이렇게 대하고 있었다고 느낄 수 있습니다.

우리 집에 무슨 물건이 어디에 있고 식재료의 유통기한은 얼마나 남았는지 냉장고를 열어보지 않아도 내가 기억하고 있다면 비교적 나는 내 맘을 잘 알고 있다는 뜻입니다. 언젠가 쓰겠거니 두었던 작은 짐들, 언젠가 보겠거니 두었던 책, 언젠가 입겠거니 두었던 옷들을 한 번씩 비워내세요. 그리고 내가 안 입는 옷, 안 먹거나 내가 먹기엔 많은 음식 등은 주변에 필요한 곳에 나누세요. 내 것을 나누면 인심을 얻고, 덕도 쌓게 됩니다. 안 쓰고 안 입는 옷들은 중고마켓에 팔아도 은근 부수입이 쏠쏠해집니다.

저는 과거엔 맥시멀리스트였습니다. 사사로운 브랜드 택과 쇼핑백까지 버리지 못하고 가지고 있었습니다. 그런데 정리를 하고 나니 내 마음이 보이기 시작했습니다. 물건은 내가 아닙니다. 그 음식도 내가 아닙니다. 그것을 나라고 생각하면 우리는 집착하기 시작합니다. 기억도 내가 아닙니다. 나는 그냥 지금 현재 존재하는 현존의 나, 영원히 변하지도 않고 사라지지도 않은, 이 육신을 벗어난 영혼이 진짜 나입니다. 그런데 우리의 상처받은 내면아이, 에고가 되어버린 그 아이는 무엇과 동일시하기를 좋아합니다. 때문에 물질과 돈에 인간관계에 집착하게 만듭니다. 그것들은 내가 아닌데 말입니다. 막상 아까워서 고민하고 버렸던 물건들이 며칠 뒤 생각나거나 꼭 필요하면 문제인데 대부분은 그렇지 않다는 것입니다. 정작 버리고 나면 기억조차 나지 않습니다.

내 삶에서 필요 없는 것들, 이미 인연이 다 끝난 것들로 외부를 가득 채우고 있었기 때문에 삶이 변하지 않은 것입니다. 내면의 마음이든 외부의 물질이든 삶에 그저 왔다 가는 것입니다. 내가 죽을 때까지 평생 가져갈 수 있는 게 있다면 삶에 대한 기억뿐입니다. 내가 집착하고 그것을 더 가지려 하고, 못 가져서 원통해봤자 모두 생을 마감하는 순간엔 버리고 가야 합니다. 청소를 하는 것도 명상과 같습니다. 명상을 하기 어렵고 지금 내 현실이 너무 괴롭다면 내 주변의 모든 것들을 정리해보세요.

부정적인 말을 지속적으로 하고 내게 부정적인 영향을 미치는 사람들과도 멀리하고 내 삶을 내가 원하는 인간관계, 원하는 집의 모습 등 지금 당장 원하는 그림으로 세팅하세요. 마음공부 전에 가장 먼저 해야 할 것이 있다면 정리입니다. 우리는 마음은 비물질 상태이기 때문에 마음을 의식화해서 보지 못한다고 생각합니다. 하지만 나의 마음은 늘 외부로 투영되어 물질로 보이게 됩니다. 그것이 정리되지 않은 나의 공간입니다.

내부를 고치기 힘들면 의식적으로 외부를 고쳐보세요. 내면과 외면은 긴밀하게 연결되어 있습니다. 둘 중 하나만 바뀌어도 삶이 다른 경로를 타게 됩니다. 이 책을 읽고 난 주말엔 청소를 한번 해보세요. 비우고 나면 내가 정말 무엇을 원하는지 보이게 됩니다. 뇌에서 생각과 판단이 계속 일어나면 우리의 뇌는 과부하가 됩니다. 조금 더 뾰족하고 명확한 판단을 내리기 위해서는 비우고 생각을 지워야 합니다. 그러면 내 머릿속에서 지금 내가 하면 가장 좋을 생각과 판단, 아이디어가 샘솟습니다. 당장 청소하고 싶지 않으신가요? 그렇다면 휴대폰 사진첩부터 단톡방까지 아주 작은 것부터 가볍게 시작해 보세요.

멘탈 트레이닝 ② Just keep walk! 걷기 명상

- 가부좌를 틀어야만 명상인가요?

마음을 치유하려고 하면 사람들이 가장 많이 떠올리는 게 명상입니다. 우리가 상상하는 명상은 가부좌를 틀고, 조용한 곳에 앉아서 몇 시간씩 해야 한다고 생각합니다. 사실 가장 좋은 것은 삶 자체가 명상이 되는 것이 더 중요합니다. 시간을 따로 내어 머릿속 잡념을 비워내는 연습을 하는 것도 좋지만 사실 삶의 모든 순간에서 머릿속에 잡념을 그저 바라보고, 생각이 사라지면 텅 빈 공간을 느껴 생각을 비우는 연습을 하는 것이 명상입니다.

처음에 명상을 도전해보셨다면 아마 느끼실 겁니다. 1분이라는 시간이 이렇게 길었나 새삼 놀라게 됩니다. 1분 동안 생각은 미치광이처럼 내 머릿속을 휘젓고, 휴대폰을 보고 싶은 충동, 이마를 대고 눕고 싶은 충동 등 각종 충동을 이끌어냅니다. 그렇기 때문에 처음에는 반복적이고 단순한 행동, 예를 들면 설거지하기, 신호등 신호 기다리기 등 삶에서 조금씩 마음의 생각을 고요하게 하는 연습을 하면서 그것이 편해지면 가부좌를 틀고 하는 수련을 통해 더 집중도를 높이고 내면의 깊은 나와 만날 수 있습니다.

그래서 처음에 가만히 앉아 있는 것이 너무 힘들 때 저는 가장 추천하고 싶은 것이 걷기 명상입니다. 머릿속에 잡념을 지우고 고요히 하면서 발바닥 에너지와 나의 호흡에 오롯이 집중하면서 걷다 보면 생각이 비워지고 몸도 점점 경직 상태에서 이완됩니다. 특히 사람이 적고, 조용한 공간, 자연이 드넓은 탁 트인 공간에서 하게 되면 나의 몸의 에너지를 오롯이 느낌과 동시에 자연의 뿌리 에너지도 받을 수 있습니다. 호흡을 통해서 자연의 에너지를 받고, 폐를 통해 필터링하여 내 안의 탁한 에너지를 내보내는 연습하다 보면 자연스럽게 호흡에 집중하게 되고 생각의 잡념이 사라져서 몸이 샤워를 한 것처럼 개운해집니다.

또한 걸으면서 허리의 척추를 쭉 펴고, 가슴은 활짝 펴고, 턱은 내밀지 말고 살짝 아래로 당긴 상태에서, 머리는 하늘에서 누가 나를 당긴다는 느낌으로 목을 길게 빼주고, 어깨는 이완시켜서 편하게 툭 내려놓고 가볍게 흔들면서, 복부와 엉덩이에 힘을 주어 코어 근육을 강화하는 느낌으로 걷다 보면 자세가 교정되어 사람이 보기만 해도 단단하고 힘이 넘쳐 보입니다. 특히 현대인에게 피할 수 없는 컴퓨터와 스마트폰 사용으로 만들어진 거북목 교정에 도움이 되고 척추로 타고 흐르는 에너지에 매우 민감해집니다.

걸을 때는 눈을 뜨고 걸으면서 드넓은 공간에 시야를 툭 내려놓고 실제로 내 눈과 귀는 심장에 있다고 느끼면서 걷는 것이 좋습니다. 걸으면서 내가 얻고자 하는 목표는 생각을 비우는 것이기 때문에 머릿속으로 끊임없이 올라오는 생각과 감정 판단을 뒤로 하고 지금 내 가슴에서 어떤 느낌을 보내는지에 집중하는 것입니다. 내일 회사에서 진행할 발표에 대한 걱정이 떠오른다면 내 안에 생존을 걱정하는 내면아이가 슬퍼하고 두려워한다는 것을 알고 그 느낌을 피하지 말고 걸으면서 충분히 느껴주고, 다독여줍니다. 그 느낌이 심장 안에서 사라지고 가벼워질 때까지 하면 됩니다. 그리고 또 텅 빈 공간이 생기면 그렇게 가벼운 마음으로 계속 걸으면서 그때그때 올라오는 감정들을 들여다봐주고, 만나보고 하는 식으로 연습을 하면 됩니다. 처음에는 30분부터, 그 다음부터는 1시간, 2시간씩 시간을 늘려 해가시면 됩니다.

- 명상을 하는데 살도 빠진다고?

걷기는 내가 마음만 먹으면 지금 당장이라도 할 수 있습니다. 비용을 들여

회원권을 끊지 않아도 되고 특별한 도구나 복장이 필요한 운동도 아니고 내가 마음만 먹는다면 지금 당장 나가서 해볼 수 있는 가장 쉬운 명상법입니다.

우리의 육체와 정신은 긴밀하게 상호작용을 합니다. 정신이 안 좋으면 육체가 아프고, 육체가 아프면 덩달아 정신까지 안 좋아집니다. 둘은 완벽한 파트너로서 서로 지지하는 역할을 하는데 한쪽 지지대가 무너지면 어김없이 다른 한쪽도 무너지기 마련입니다. 정신이 혼란스러워서 아무것도 못할 때는 일단 나가서 걷는 것입니다. 걷기는 아무것도 아닌 것 같지만 우리 삶을 지탱하는 호흡과 다르지 않습니다. 나이가 들수록 온몸에 근육은 굳어가고, 장기들도 딱딱해지면서 우리는 죽음을 맞이합니다. 고로 잘 호흡하고, 잘 걷는 아주 반복적이고 기본적인 행동을 통해 우리는 우리의 본성을 찾아갈 수 있습니다. 지금 삶이 너무 무기력하다거나 뭘 할 용기가 생기지 않는다면 일단 방에서라도 걸어 보세요. 용기가 생기면 나가서 100미터씩만 걸어보는 것입니다.

그래서 저는 잡념이 많이 올라오고 생각이 너무 많아지면 일단 운동화를 신고 나갑니다. 시간과 날씨, 계절과 상관없이 일단 나가서 20분만 자연에 몸을 맡겨 걸어보면 순식간에 너무 행복해집니다. 발바닥 하나하나의 감각을 느끼면서 계절이 변하고 세상의 흐름과 공기 자연이 주는 무한한 행복과 평안함을 온몸으로 느껴보세요. 스마트폰은 꺼두시고, 지금 이 순간의 공기를 느껴보세요. 여름엔 매미 소리가 정말 한창입니다 매미 소리, 바람 소리 등 공기에 흐르는 소리에 집중하면서 생각을 비워보는 연습을 하는 것입니다. 생각으로 가득 차서 터져버릴 것 같은 곳에 공간이 생기면 훨씬 행복감을 크게 느낍니다.

패기 넘치게 몇만 보씩 걸었다가 다리가 아파서 오히려 운동을 며칠씩 쉬게 되기도 합니다. 천천히 습관을 만들어 몸에 습관이 배게 하는 것이 중요합니다. 강력한 의지보단 눈을 뜨면 일단 앉아 보는 것입니다. 앉아서 창밖을 보게 되면, 이럴 시간에 그냥 나가서 한 보라도 더 걷자는 생각이 들게 됩니다. 그런 생각이 들지 않으면 그날은 다시 침대에 가서 누우면 됩니다. 포기하지 않고, 내일 혹은 모레 다시 하면 되니까요. 하지만 나가야겠다는 생각이 조금이라도 들면 지체하지 않고 5초 이내에 운동화를 신고 세수도 하지 말고 일단 나가보는 것입니다. 모자를 푹 눌러쓰고 누구 시선 따위 고민하지 말고 나가서 나의 길을 만들어 나만의 세상을 만나보는 것입니다.

걷다 보면 자연에게 배우는 것이 많습니다. 인간에 의해서 나무가 잘렸어도 태풍에 의해서 나뭇가지가 부러졌어도 나무는 그 자리에서 묵묵히 자기 몫을 지켜나가며 강한 생명력을 뽐내며 자라나고 있습니다. 여름이 지나고 초록잎이 가을로 무르익어갈 준비를 하고 있습니다. 아직 반팔에 반바지를 입고 아이스 음료를 손에 놓지 못하고 있지만 계절이 변하는 것이 눈에 보이기 시작합니다. 하늘이 높아지고 공기가 달콤해지고, 모든 것이 이렇게 큰 노력 없이 가지 말라고 해도, 가서 오지 말라고 해도 오는 것임을 알아차리게 됩니다. 삶은 내가 사는 게 아니라 어쩌면 그냥 살아지는 것인데 내가 왜 이렇게 아등바등하고 살았나를 깨닫게 됩니다. 천천히 나만의 보폭으로 조금씩 걸어보세요.

저는 택시 비용을 한 달에 100만 원씩 쓸 정도로 걷는 걸 싫어했습니다. 하지만 이런 제가 2016년 8월쯤부터 걷기를 시작했습니다. 저는 수영장을 오고가는 왕복 9km를 매일 걷기 코스로 정해 맨 처음 걷기 시작했습니다. 처음에는 걸어가는 게 힘들어서 걷다가 중간에 택시를 타기도 하고, 갈 땐 걸어갔다가 올 땐 버스를 타고 오는 식으로 습관을 기르기 시작했습니다. 그 덕에 매일 5천 보에서 만 보로 거리를 넓혀가면서 지금은 2만 보씩 걷고 있습니다.

걷는 날도 있고 못 걷는 날도 있지만 일주일에 3일 이상은 꼭 시간을 내서 걸으려고 하고 있습니다. 하지만 못 걷는다고 스트레스를 받거나 자책하지 않고, 못 걸으면 못 걷는 대로 그 주엔 나에게 휴식을 주고, 또다시 힘이 나는 주에, 시간적 여유가 나는 주간에 열심히 걷는 것입니다.

걷는 게 너무 싫다면, 처음엔 명분을 만들어서 나가는 것도 좋습니다. 집에서 가까운 어디 맛있는 빵집에 가서 빵을 사 오자는 식으로 미션을 만들어서

도전하면 즐겁습니다. 하루에 3시간 이상 걸으면 10km 이상, 2만 보가 조금 안 되게 걷게 되고, 800kcal 정도를 소모합니다. 이 정도면 딱히 식이조절을 안 해도 한 달에 2kg-3kg 정도는 그냥 빠지게 됩니다. 힘들게 식단을 하고 운동을 하지 않아도 살을 뺄 수 있습니다.

걷게 되면 정신 건강도 좋지만 계절이 변하고 세상이 변하는 것을 피부로 느낄 수 있습니다. 부동산에 관심이 많으시다면 걷다 보면 공부가 자동으로 됩니다. 책이나 유튜브로 힘들게 공부하지 않아도 감각을 기를 수 있습니다. 트렌드를 잘 읽고 싶다면 걸으면서 대형마트나 백화점 쇼핑센터 등으로 걸어보시면 세상이 어떻게 변화하는지 어느 순간 눈에 보이게 됩니다. 어떤 매장이 나가고 들어오는지, 어디 매장에 사람들이 가장 몰려있는지, 왜 저 건물은 1년 내내 임대가 붙어 있는지 감각적으로 깨우치게 됩니다.

저는 그래서 웬만한 거리는 걸어 다니려고 하고, 출발하기 전에 걸어서 갈만한 거리인지 지도부터 체크합니다. 저는 제 주변에 걷기 전도사로 활동하는데 답답하고 힘들면 일단 나가서 걸어보라고 추천합니다. 나이키의 슬로건처럼, 'Just do it'을 하고 싶은데 뭘 해야 할지 모를 때는 뭘 할 수가 없습니다. 뭘 해야 할지 모르겠는데 자꾸 뭘 하라고 자신에게 강요하지 마세요. 그럴 땐 Just keep walk! 일단 묵묵히 걸어보는 것에서 해답을 찾을 수 있습니다. 걸으면서 온몸으로 자연에게 큰 사랑을 받고 있다고 느끼면서 내가 자연의 일부라도 된 것인 양 자연과 한 몸이 되어 걷다 보면 정신이 맑아지고, 영감이 떠오르기도 하고, 영감이 떠오르지 않더라도 다시 어떤 것을 도전할 용기가 생깁니다.

명상의 가장 큰 목적은 몸을 완전히 이완시킨 상태에서 생각과 감정을 고요히 가라앉히고 근원의 나, 순수 의식의 나와 함께 만나는 것입니다. 그래서 어떤 상태에서도 내가 나의 순수 의식을 잡념에서만 지켜낸다면 명상은 일상이 될 수 있습니다.

멘탈 트레이닝 ③ 느리게 호흡하기(478호흡)

- 숨만 잘 쉬어도 팔자가 좋아진다

우리 생명이 엄마 배에 잉태되어 가장 먼저 가지게 되는 것이 심장입니다. 우리에게 느낌을 전달하는 심장이 가장 먼저 만들어져서 태아가 호흡을 통해 엄마 배 속에서 살아가며 탯줄을 통해 영양을 공급받습니다. 심장을 관통하는 호흡은 태아에게는 모든 것입니다. 뇌가 생기기도 전에 심장을 통해 느낌을 전달받고, 자신 몸이 생존에 불리해지면 감각기관을 통해 엄마에게 신호를 보내 자신의 위험을 알립니다. 아이가 어떤 신호를 엄마의 몸을 통해 보내면 엄마는 외부에서 이를 하혈이나, 복통, 멀미 등의 증상으로 신호를 받아 병원에 가서 진단을 받게 됩니다. 아이는 뇌가 생기기 전, 그러니까 어떤 판단 능력이 생기기 전에도 느낌을 통해 모든 정보를 다운로드합니다.

태아가 태어나기 전, 뇌보다도 심장이 먼저 완성된다는 것은 우리 삶을 살아가는데 가장 중요한 메시지를 던집니다. 모든 창조의 핵심은 심장이라는 의미가 되기 때문입니다. 또한 심장을 통해 우리는 숨 쉬지 않으면 이 지구상에서도 더 이상 생존할 수 없습니다. 호흡은 우리가 늘 하고 있기에 공기처럼, 바람처럼 당연한 것이라서 '호흡이 뭐가 어때서?'라고 생각하실 수 있지만 매순간 찰나에 생멸하는 호흡은 우리 삶의 전부입니다. 오늘 하루 여러분에게 처리해야 할 회사일, 가족 문제 등으로 중요한 일이 수백 개가 있어도 우리의 호흡이 멎고 심장이 정지하면 삶은 그냥 끝난 것입니다. '호흡이 뭐 별것 있냐?', '숨 쉬는 게 대단한 거냐?'라고 생각하신다면 그것은 여러분의 착각입니다. 인생은 숨 쉬는 게 전부입니다. 지금 이 순간 숨이 없다면 여러분이 원하는 나머지도 없습니다.

현실은 가끔 내가 어쩔 수 없게 느껴질 때가 있습니다. 갑자기 당한 권고사직, 갑자기 이별을 요구하는 남자친구, 예상치 못했던 접촉 사고 등 삶은 내 계획에 없었던 일을 만들어 삶을 송두리째 휘둘러 놓습니다. 이 일은 불행한 일이 결코 아닙니다. 나에게 일어난 특별한 사건, 그것이 좋은 일이든 나쁜 일이든 이전과는 전혀 다르게 내 삶 전체를 송두리째 바꿀 수 있는 절호의 찬스가 드디어 나에게 온 것입니다. 기뻐하세요! 이런 대전환의 운명의 찬스가 내게 온 것을 환영해보세요.

우리가 느리게 호흡을 하고, 머리에 집중하기보다는 몸의 느낌에 집중하기 시작하면 우리의 뇌는 베타파에서 알파파 상태로 변합니다. 우리의 뇌는 사고를 멈추고, 느낌에만 의존하고, 뇌는 일관된 질서를 갖게 됩니다. 호흡만 느리게 하면서 몸의 느낌에만 집중했을 뿐인데 혼란스러웠던 마음은 질서와 일관성을 갖춘 뇌가 됩니다. 그리고 전뇌의 동기화가 이루어집니다. 이제까지의 나의 기억이 리셋되고 새로운 내가 될 수 있다는 이야기입니다.

차분하게 아주 깊은 호흡을 할 때 내면에서는 아주 멋진 오케스트라 교향곡이 연주되고 있는 것과 같습니다. 호흡만 느리게 했을 뿐인데 각 세포들은 조직화된 연주곡 안에서 하모니를 맞추어 연주하는 팀이 되는 것입니다. 이렇게 내면에서 나의 심장의 느낌과 뇌의 감각 기간 연결이 조화를 이루면 긍정적이고 행복할 때 쏟아져 나오는 세로토닌 호르몬이 분비되고, 드디어 사람들은 에너지를 얻고 몸을 내 의지대로 사용할 수 있게 됩니다. 긴박하고, 누군가에게 쫓기고, 두려움을 느끼고, 흥분을 해서는 결코 느린 호흡을 할 수 없습니다. 호흡만 느리게 해도 우리의 뇌는 나에게 좋은 일이 있다고 착각을 하게 됩니다. 느린 호흡 명상의 가장 큰 부작용은 기쁨입니다.

우리가 명상을 자주 하면서 내면에서 조화를 이뤄 오케스트라 연주를 할 때 우리는 더 이상 외부에서 규정해놓은 나라는 정체성에 얽매이지 않게 돼, 스트레스를 받거나 균형을 잃는 경험이 점점 줄어들게 됩니다. 매 순간 호흡에 사랑의 에너지를 담아 내 주변에서 만나는 모든 사건과 사람 물건들에게 그 에너지를 방사하는 연습을 하는 것입니다. 좋은 일이든 나쁜 일이든 내 눈앞에 펼쳐진 모든 일들을 사랑스러운 고양이나 강아지를 보듯 이것은 나에게 분명히 행운으로 다가온 것이라 느끼고 사랑의 에너지를 방사하면 내 삶은 내가 뿌린 에너지대로 다시 돌려받게 됩니다.

내 심장 중심에 호흡을 집중하여 사랑의 에너지가 온몸에서 뻗어 나가는 것을 상상하며 그 에너지가 세상에 하나하나 물든다고 상상하시고 매순간 알아차리는 연습을 하시면 됩니다. 이것을 해내려면 매 초 해야 합니다. 처음에 저는 이 습관을 만들려고 10분마다 알람을 맞춰두고 생각의 흐름에 빠지지 않도록 스스로를 조율했습니다. 나는 샤워를 하면서도, 요리를 하면서도, 회사에서 일을 하면서도, 친구와 수다를 떨면서도, 인터넷을 하면서도 내 주변에 어떤 환경과 상관없이 매 순간 숨을 쉬고 있습니다. 매 순간 호흡을 알아차리세요. 머릿속에 돌아가는 모든 생각은 나의 과거의 기억들입니다. 내 뇌에서 비슷한 걱정과 고민을 자꾸 출력해낸다면 그건 지나간 과거의 모습임을 알고 호흡을 통해 날려보내세요.

- 팔자 바꾸는 느린 호흡

제가 평소에 가장 즐겨 하고 좋아하는 호흡법은 478호흡법입니다. 하버드 의대 출신이자 대체의학 분야에서 세계적인 권위를 갖고 있는 앤드루 웨일 박사가 요가 호흡법에서 영감을 받아 만든 478호흡법을 지속하면 스트레스 경감, 불안감 완화, 집중력 강화, 불면증 개선, 근육 이완, 소화 기능 개선, 부정적 감정(분노 등)의 개선 효과가 있습니다. 478호흡법은 4초간 코로 숨을 들이쉬고, 7초간 그 숨을 참고, 8초간 코를 통해 숨을 내뱉는 것입니다.

4초간 숨을 들이마실 때 세상에서 모든 좋은 것, 내 삶에 가지고 오고 싶은 기쁨과 행복을 호흡에 담는다는 생각으로 숨을 들이마시고, 숨을 정지하는 7초간은 그 느낌을 세포에 새겨본다고 상상을 합니다. 그리고 8초간 코를 통해 호흡을 내쉴 땐 내 몸 안에 있는 감정의 찌꺼기들이 모두 씻겨 내려간다고 상상하고 이 호흡 연습을 매일 했습니다. 맨 처음엔 아침저녁 2회를 했으나, 하고 나면 너무 기분이 좋아져서 지금은 일을 하다가도 생각나면 이 호흡을 자주 의식적으로 하곤 합니다. 습관이 들 때까지는 최소 5분 이상 하루에 2-3차례 정도 해주시면 좋습니다. 유튜브에 478호흡법이라고 검색하면 다양한 가이드 영상이 있으니 참고하시어 따라 하시면 됩니다.

보통의 성인은 평상시 분당 15에서 18회 호흡하는데 숨을 들이쉴 때마다 대략 0.5리터의 공기를 폐로 흡입하고, 내쉴 때마다 동일한 양의 공기를 배출합니다. 들이쉰 공기에는 질소 79%, 산소 20%, 이산화탄소 0.04%와 함께 다른 가스들과 수증기가 극소량 포함되어 있습니다. 내쉬는 공기의 경우 질소는 동일한 양이 들어 있으나 산소 함량은 16%로 감소되고, 이산화탄소는 4%로 증가합니다.

들숨 : 질소 79%, 산소 20%, 이산화탄소 0.04%
날숨 : 질소 79%, 산소 16%, 이산화탄소 4%

즉, 들숨과 날숨 사이의 가장 큰 변화는 바로 4%만큼의 산소와 이산화탄소(=노폐물)의 교환입니다. 숨을 들이쉴 때 산소는 폐 안에 있는 폐포들, 즉 아주 작은 공기낭을 통하여 모세혈관으로 들어갑니다. 그리고 숨을 내쉴 때 혈액 속의 이산화탄소가 폐포로 옮겨집니다. 들이쉴 때의 산소와 맞교환(4%)되는 것이죠. 폐에서 산소를 공급받은 혈액은 심장으로 가서 몸 전체로 퍼져 나감으로써 모든 세포에 산소와 영양분을 전달합니다. 이산화탄소는 신진대사로 인해 생기는 세포 속 가스 노폐물들을 모아 폐로 실어 와서 내보낼 준비를 하는 것입니다.

느리게 호흡하는 연습 중 하나인 478호흡을 하면(특히 들숨 후 7초간 참을 때) 산소의 공급과 노폐물의 배출, 즉 가스 교환 비율을 최대화하며, 이를 통해 신선한 산소를 받아들이는 우리 신체 내의 모든 세포(뇌세포 포함)들은 매우 건강한 상태가 됩니다. 478호흡 명상은 이 모든 명상의 기본이 되는 호흡법입니다. 따로 시간을 내어 명상을 하지 않고, 키보드에 타이핑을 치면서도 할 수 있는 것입니다. 숨을 무의식적으로 쉬는 것이 아니라 의식적으로 쉬는 것입니다. 478호흡법 자체가 사실은 호흡 명상이므로 습관이 될 때까지 하루 짧게 5분만해도 좋다고 느끼실 것입니다. 내가 좋다고 느끼기만 한다면 습관은 시간 문제입니다. 478호흡을 하고 나면 뇌에 스프레이를 뿌린 것 같은 상쾌함을 느끼실 수 있습니다.

호흡이 한순간이라도 정지한다면 우리는 이승에서 저승으로 삶을 옮겨 타게 됩니다. 호흡 한순간에 우리는 전혀 다른 삶을 살아가는 것입니다. 그래서 별것 아닌 호흡이 매 순간 우리의 삶을 장엄하게 해주는 기틀이 됩니다. 그래서 삶을 잘 살아내려면 호흡을 잘해야 합니다. 숨만 잘 쉬어도 삶에 큰 탈이 없습니다.

멘탈 트레이닝 ④ 폭탄 노트 쓰기(feat. 데스노트)

- 마음의 상처는 드러내야 치유됩니다

우리는 살아가면서 다양한 감정들을 경험합니다. 그것들이 유쾌한 경험이면 크게 문제가 안 되는데, 불편하고 두렵고 수치심을 느끼거나 내 삶에 이롭지 않다고 느껴지는 감정들이라면 우리는 꾹꾹 억누른 채 살아갑니다. 외부에 어떤 일로 하나의 사건이 생기고 나면 중요한 것은 감정을 표현해 분노를 표출하고 불만을 토로하는 것이 아니라 문제가 생기면 그 해결을 하는 것이 목적입니다.

하지만 우리는 언제나 문제가 생기면 논제를 벗어나 감정 싸움을 하게 됩니다. 서운하고, 실망하고, 상처받고, 분노하며 서로를 끊임없이 미워하는 감정을 팽팽하게 붙잡고 있습니다. 우리는 발생되는 사건을 통해 내가 존중받지 못했다거나 너로 인해 내 생존이 불리해졌다고 믿기 때문에 분노하는 것입니다. 자신의 아래의 후임이 실수하면 나의 인사 고과에 문제가 생길까 봐, 우리 반에 말썽 피우는 아이가 있다면 능력 없는 선생이라는 이야기를 들을까 봐, 내 자식이 공부를 못하면 무능한 아이를 가졌다는 이야기를 듣게 될까 봐 두려운 것입니다. 실제는 사건을 일으킨 당사자의 실수가 문제가 아니라 그 사건에 투영된 나의 마음이 문제입니다.

사건은 사건으로 받아들이고, 주어진 환경에서 최선의 해결을 하면 됩니다. 길 가다 휴대폰 액정이 깨졌다면, 마음은 쓰리지만 수리점에 가서 돈을 지불하고 액정을 교체하면 됩니다. 하지만 '나는 운이 없다', '지지리 복도 없지', '이놈의 휴대폰 제조사는 어떻게 만들었기에 액정이 깨지냐', '휴대폰 케이스도 비싸게 주고 샀는데' 하며 사건의 희생양을 자처하며 스스로를 계속 괴롭히는 사람은 누구인가요? 나 자신에게 이렇게 행동하는 것처럼 우리는 타인에게도 그렇게 대하는 것입니다. 너 때문에 회사가 망하고, 너 때문에 우리 반 면학 분위기를 망치고, 너 때문에 엄마가 창피해서 동창 모임도 못 나간다고 말입니다. 사실 문제는 타인이 아닌 나인데 우리는 나의 모습을 그곳에서 발견하지 못하는 것입니다.

이렇게 우리는 어린 시절부터 상처를 주고받는 경험을 하면서 그때 받은 상처들을 제대로 처리하지 못했기 때문에 성인이 되어서도 비슷한 경험을 하게 되는 것입니다. 어릴 때 엄마에게 혼나면서 엄마가 날 미워하고 엄마가 나를 버릴까 봐 두려워서 손을 들고 벌을 서면서 나는 눈물을 흘렸습니다. 하지만 엄마는 뭘 잘했다고 우냐고 나에게 핀잔을 줬습니다. 엄마가 화내니까 더 무섭고 슬펐지만 눈물을 참는 연습을 했습니다. 그때 상처받고 억눌린 나의 감정은 어디 갔나요? 어디 가지 못했습니다. 감정은 평생을 짓눌려 내 안에 있었고, 표면의식에 있던 기억이 시간을 지나 무의식에 저장된 것입니다.

그때의 서러웠던 감정은 내 무의식 안에 숨어 있다가 살아오면서 비슷한 사건을 만들어 나에게 치유의 기회를 줍니다. 하지만 우리는 울면 안 된다고 배웠기 때문에, 울면 산타 할아버지에게 선물을 받지 못한다고 배웠기 때문에 항상 감정은 참는 것에 익숙해져 있습니다. 우리는 노래를 통해 누가 착한 애인지 나쁜 애인지 산타 할아버지가 알고 계신다고 배웠습니다. 그래서 착한 아이가 되어야 한다고 무의식에 각인했습니다. 나보다 어른인 부모님, 선생님, 차장님에게 기분 나쁜 말을 들어도 울지 않고 착한 아이가 되어야 한다고 배웠기 때문에 그들을 욕하고 폄하하면 나쁜 사람이 되는 것 같아서 우리는 늘 참는 연습만 했습니다. 이렇게 참았던 나의 분노는 어른이 되어 내 자식에게, 나의 후임에게 내가 대물림하게 됩니다. 결국 나도 내가 가장 싫어했던 어른이 되는 것입니다.

내 안의 묵은 감정을 날 것 그대로 몽땅 글로 적게 되면 상대에 대한 연민과 그 사람도 그럴 수밖에 없었다는 감정이 올라오기 시작합니다. 내가 내 감정을 억누르고 있을 땐 몰랐던 상대의 마음이 헤아려지기 시작합니다. 엄마도 내가 싫어서가 아니라, 내가 공부를 못하면 자신의 생존에 유리하지 않다는 생각에 그런 말을 하셨다고 나의 마음으로 엄마 마음을 이해하게 됩니다. 처음부터 폭탄 노트를 쓰면서 감성이 해소되는 걸 바로 느낄 수도 있지만 가슴 열림 반응이 늦는 경우 며칠 혹은 몇 달이 될 수도 있습니다.

- 상처를 치유하지 않으면 생기는 일

억눌린 감정은 언제나 나타납니다. 억눌려 있어 보이지 않을 뿐 그날 차장에게 들었던 '네가 인간이야?!'라고 했던 그 목소리는 버스를 타고 가다가도, 친구들과 맥주 한 잔을 하더라도 귓가에 맴도는 느낌이 듭니다. 어딘가에서 들리는 그 목소리를 빼내고 싶은데 눈에 보이는 음악 파일도 아니어서 삭제할 수도 없습니다. 그렇게 나는 내 맘에 응어리 하나를 쥐고 평생을 살아가게 됩니다. 사건의 생김새와 내용은 달라 보이지만 본질은 똑같은 사건을 외부에 발생시키면서 말입니다. 그 감정을 치유하려면 귓가에 맴도는 그 환청 소리를 삭제하려면 나는 내 마음의 분노와 상처를 털어내야 합니다. 하지만 상처를 털어내는 법을 배우지 않아서 참는 법만 배웠기에 상처는 내 안에서 곪아가고 있었던 것입니다.

이제라도 상처를 터는 방법을 배워봅니다. 가장 쉬운 방법은 우리가 어린 시절 영화에서 봤던 데스노트처럼 내가 살면서 나에게 심적 고통과 나를 힘들게 했던 모든 사건과 그 사건에 관련된 인물들 그때 느꼈던 나의 감정들을 리스트를 통해 만들어 보는 것입니다. 한 인간이 다른 인간을 이렇게 미워해도 되나 싶을 정도로 내 안에 억눌린 모든 감정을 이곳에 털어버리는 것입니다. 내가 실제로 분노하고, 상대를 죽여 버리고 싶은 감정을 외부 있는 그대로 표출하면 나는 범죄자가 될 수도 있습니다. 하지만 폭탄 노트에 감정을 털어버리면 외부로 행하게 되는 우발적 행동도 막을 수 있습니다. 외부로 나타나는 모든 행동은 내 안에서 감정이 응축돼서 나오는 것이기 때문입니다. 우리나라의 범죄의 대부분이 우발 범죄입니다. 그들은 감정을 조절하는 법을 알지 못했기 때문입니다.

저는 어릴 때 엄마 배 속에서 느꼈던 생존에 대한 두려움은 1.8kg의 미숙아로 태어나는 경험을 하게 했고, 4살 무렵 명절날 튀김을 하려고 준비해둔 튀김 기름을 뒤집어쓰며 손가락 전체에 2도 화상을 입었으며, 초등학교에 들어가 갑상선 항진증을 진단받고 중학교 무렵까지 약물 치료를 진행했으며, 유학 중에는 빙판길에서 차가 반파되는 사고를 통해 목숨을 잃을 뻔했고, 가족들이 암에 걸려 치료하는 모습을 목격하게 되고, 사업을 하면서 방황과 투자 실패를 경험하게 했습니다. 이렇게 큰 사건뿐만 아니라 바다에 빠질 뻔한 경험, 시장에서 엄마를 잃을 뻔한 경험 등 다양하고 자잘한 외부 현상에서 생존에 대한 두려움을 끊임없이 지속적으로 느꼈으며, 이는 실제로 신이라는 존재가 혹은 나의 영혼이 나를 미워하고 싫어해서 생기는 일이 아니었습니다. 지속적으로 외부에 사건을 발현시켜 나에게 그 감정을 느끼고 해소하라고 보여준 사건들이었습니다.

우리가 감정을 이렇게 털지 않으면 결국 나는 감정의 최대 피해자가 되는 것이고, 감정을 털고 나면 그 사건으로 인해서 내 영혼을 더 성장시키는 수혜자가 되는 것입니다. 많은 분들이 부정적 감정을 글로 쓰고 표현하면 그것이 현실이 될까 봐 두려워합니다. 감정은 내 안에 품고 있으면 현실이 됩니다. 내가 긍정적으로 생각하고 그 기분 좋은 느낌을 내 안에서 계속 유지하면 좋은 일이 생기듯 내가 안 좋은 감정을 눌러두고 내 안에 응축시켜두면 그것 역시도 현실이 됩니다.

폭탄 노트로 상처 받은 감정을 치유하는 작업을 여러 번 하고 나면 가슴에 막혔던 것이 뚫리는 뭔가 가슴이 시원한 개운한 느낌을 느끼실 것입니다. 억눌린 감정으로 막혔던 감정에 공간이 생기고 드디어 나는 사랑의 에너지를 만들 공간을 마련하는 것입니다. 내 안에 분노로 슬픔으로 얼룩진 모든 감정은 숨길 수 없습니다. 나의 심적 아픔은 작게는 두통과 근육통으로 오기도 하고, 마음의 병인 우울증이나 공황장애, 더 크게는 암으로, 주변 사람들의 아픔이나 관계 단절로 금전적 어려움으로 오기 마련입니다.

그 감정은 어릴 때 상처받아서 트라우마로 남았던 큰 사건이 될 수도 있지만 아주 자잘하게 내가 살면서 느끼는 불편한 감정이 될 수도 있습니다. 오늘 SNS에서 본 친구 사진 한 장, 나보다 취업도 늦게 했는데 회사에서 인정을 받아서 빠르게 진급하고 보너스를 받았다고 올린 친구 사진 한 장에서 느껴지는 우울함, 억울함, 슬픔도 노트에 털어 보는 것입니다. 그리고 그 내용들을 찢어서 버리게 되면 점점 나의 억눌린 감정도 점점 해소될 것입니다. 이 폭탄 노트에 나의 솔직한 감정을 적는다고 분노를 표출한다고 결코 현실이 되지 않습니다. 현실로 나타나는 건 무의식 안에 꼭꼭 숨겨 품고 있는 것이 외부로 나타나는 것입니다. 이것을 털어버린다면 여러분은 새로운 현실로 나아갈 수 있습니다.

- 감정을 올바르게 해소하는 법

1) 사건 : 학창 시절 나보다 더 공부도 못했던 친구가 승진하고 보너스 받았다며 SNS에 글을 올림
  - 사건에 나타난 감정 : 짜증, 질투, 나만 승진 못한다는 억울함, 나는 해도 안 된다는 무력감

〈감정을 처리하는 법〉
WRONG : '괜찮아, 난 더 잘 될 거야.'라고 긍정적인 생각하기, 즐거운 예

능 프로그램 보기, 다른 동창에게 연락해서 친구 흉보기

RIGHT : 친구가 나보다 더 잘 돼서 질투 나는 마음, 친구보다 생존에 유리하지 않다는 마음, 내 자존심에 상처가 되는 느낌을 피하지 말고 이런 감정을 말하거나 글로 쓰면서 심장을 관통하는 부정적인 느낌을 모두 느껴주기

2) 사건 : 코로나19로 인해 갑작스러운 실직을 경험함
- 사건에 나타난 감정 : 분노, 수치심, 억울함, 생존에 대한 두려움

〈감정을 처리하는 법〉
WRONG : 겉으론 태연한 척 하며 곧 직장을 얻을 수 있을 것 같은 긍정적인 생각을 함, 아무에게도 실직했다고 말하지 않고 혼자 끙끙 앓음, 바로 다른 직장을 알아봄, 회사와 사회에 대한 불만을 가슴속에 품고 있음

RIGHT : 어떤 내 마음의 일이 이런 사건을 가져왔는지 돌아봄, 앞으로 어떻게 살아가야 할까 막막한 마음을 심장으로 느껴보고 글로 표현해봄, 내가 다음 직장은 어떤 것을 선택해야 행복할지 고민하고 신중하게 내 마음에서 하는 이야기를 들어봄

- 폭탄 노트 쓰는 법

① 이면지도 좋고 예쁜 노트도 좋고 휴대폰 메모장 등 그 어떤 것도 좋습니다. 내가 글을 쓰고 찢어서 버릴 것이기 때문에 아무것이나 활용하셔도 좋습니다.

② 오늘 내 안에 나타난 해소하고 싶은 감정 중에 그것이 일어난 하나의 사건을 선택합니다.

③ 그리고 그 사건에 내가 폭파시키고 싶은 모든 감정을 아무 생각 없이 아무 판단 없이 쭉 적어 내려가는 것입니다. 누군가에 대한 욕이나 험담도 좋습니다. 가슴에 담아두는 것보다 폭발시키는 것이 훨씬 정신 건강에 이로우니 판단하고 생각하지 말고 미친 듯이 적어보세요.

④ 그리고 다 적은 뒤 그 종이를 심장 가슴 부위에 대고 그 감정을 심장을 통해 오롯이 느껴봅니다.

⑤ 슬픔이 올라올 수도 있고, 분노가 올라올 수도 있습니다. 가슴이 아리거나 온몸에 전기가 통하는 등의 느낌이 나타날 것입니다.

⑥ 478호흡을 하며 그 감정을 오롯이 들이마셨다가, 모두 호흡을 통해 내뱉는 연습을 합니다.

⑦ 아주 느리게 천천히 호흡하면서 그 감정이 사라져서 마음이 조금 편할 때까지 합니다.

⑧ 종이를 찢거나 데이터를 삭제해버립니다.

⑨ 그리고 과거와 다른 내가 원하는 미래를 선택하고, 내가 바라는 대로 일이 해결되었을 때 기분을 느껴보며 폭탄 노트 쓰기를 마무리합니다.

횟수는 여러 번 해도 상관없습니다. 마음에 찌꺼기가 있다고 판단되시면 하루에도 여러 번씩 해주면 조금 더 빠른 치유가 일어납니다. 다만 감정을 해소하고 나면 에너지가 빨려 조금 지치게 되므로 감정을 해소 후에 조금 휴식을 취하면서 심장의 호흡이 느려지고 마음이 가벼워졌을 때 다음 세션을 하시는 것이 좋습니다.

멘탈 트레이닝 ⑤ 행운을 부르는 시그니처 향, 심볼, 사인

- 향기가 부르는 요술

다양한 호텔을 다니다 보면 호텔마다 호텔 로비에서 나는 특유의 시그니처 향이 있습니다. 어떤 호텔들은 체크인을 할 때 시그니처 향을 룸키를 담는 카드 슬릿에 넣어 주기도 합니다. 호텔 시그니처 향은 호텔 로비뿐만 아니라 객실 안에 디퓨저, 투숙하면서 쓰는 샤워 가운과 침구에서도 유사한 향이 계속 하나로 이어져 호텔, 로비, 객실, 루프탑, 수영장, 사우나 등 다른 공간을 이동해도 비슷한 곳에 있다는 편안한 느낌을 줍니다. 호텔뿐만 아니라 백화점 1층 명품관에 들어가면 브랜드마다 특유의 시그니처 향이 있습니다. 그래서 내가 익숙하고 좋아하는 브랜드의 향이면 무언가에 이끌리듯이 그곳으로 가게 됩니다.

조금 더 쉬운 예로 빵을 먹고 싶은 마음이 전혀 없었는데 출근길에 갓 구운 빵 냄새가 진동을 하면 나도 모르게 그곳을 지나가다 빵을 사서 나오는 행위와 같습니다. 빵뿐만 아니라 마트 과일 코너에서 진동하는 딸기 향, 버스 정류장 앞에서 나는 어묵 국물과 붕어빵의 향 등 우리는 향의 유혹을 쉽게 뿌리칠 수 없습니다.

우리의 이런 본능적 이끌림을 확신하게 하는 연구 결과가 있습니다. 캐서린 슬레이드브루킹의 저서 『브랜드 디자인』을 보면 록펠러대학교에서 수행한 감각 기억에 대한 연구에 대한 결과가 나옵니다. 단기적으로 인간은 만진 것의 1%, 들은 것의 2%, 본 것의 5%, 맛본 것의 15%, 맡은 것의 35%를 기억합니다. 후각 경험이 시각 경험에 비해 오래, 그리고 강렬하게 남고, 따라서 후각 자극을 즐거움과 행복, 정서나 추억과 엮는 것도 사람의 인식에 영향을 미치는 방법이 된다는 것입니다.

그래서 우리가 사랑하는 브랜드를 보면 그 브랜드만의 뭐라 설명할 수 없는 특유의 향이 있고, 소비자가 이 브랜드를 구매해 사용할 때 기억에 오래 남게 하기 위해 일관된 느낌의 포장재를 사용합니다. 실제로 브랜드를 소비하고 나면 쇼핑백과 포장지를 만지며 내 손끝에 베이는 그 감각의 느낌, 그리고 설명하긴 어렵지만 브랜드마다 느끼는 특유의 무드와 향이 나의 모든 감각기관에 전달됩니다. 그래서 이 감각을 활용해 소비자가 브랜드를 기억한다는 걸 아는 브랜드들은 포장을 할 때 화이트 습자지에 자신의 시그니처 향을 뿌려서 주기도 합니다.

미국에서는 부동산 중개인들이 집을 잘 팔리게 하려면 손님이 집 보러 오기 30분 전에 빵을 구워두라는 말을 집주인에게 한다고 합니다. 미국인들에게 집에서 나는 빵 굽는 향은 행복하고 화목한 가정을 상징하는 것으로, 집을 보러 갔을 때 그 향을 맡게 되면 손님에게 이 집은 화목하게 살게 될 좋은 집이라는 각인을 하게 되는 것입니다. 그렇게 하고 나면 그동안 그렇게 노력해도 안 팔리는 집도 잘 팔린다고 합니다.

다시 말하면 내가 바라고 원하는 느낌을 각인시키는 데에는 향을 활용하면 더 좋은 효과를 볼 수 있다는 것입니다. 우리가 우리 마음을 내가 원하는 방향대로 이끌어가려면 강력한 의지보다는 이런 상징성을 내 몸에 각인시켜 감각기관에 도움을 받으면 조금 효과적인 치유가 일어나기도 합니다. 그래서 삶 안에서 나만의 상징성을 만들어보는 것이 중요합니다. 명상을 할 때는 나만의 명상 음악을 틀고, 향초를 켜거나, 내가 좋다고 느끼는 아로마 향이나 디퓨저를 두어 그 향이 그 공간에 맴돌게 각인시키면 나는 더 빠르고 쉽게 명상 상태에 빠져들 수 있습니다.

그래서 명상을 할 때 인센스 스틱이나, 팔로산토, 향초나 아로마 향을 사용하면 심신 이완에 도움이 됩니다. 내가 좋아하는 아로마 향이나 향초에 어떤 상징성을 붙이세요. 이 향을 맡으면 나는 행복해진다, 이 향을 통해 나는 치유가 일어난다, 이 향을 통해 나는 부자가 된다고 생각하고 그 느낌을 유지하면서 생활하고 생활 속에서 그 향을 자주 맡을 수 있도록 주변에 두는 것입니다.

- 나만의 심볼(상징) 만들기

성당을 다녀보신 분들이나 성당에서 미사를 보는 모습을 TV를 통해 보신 적이 있다면 여성들이 머리에 하얀 면사포 같은 미사포를 쓴 모습을 기억하고 있을 것입니다. 성당에서 미사를 보게 되면 각종 감각기관을 자극하는 상징성 있는 장치들이 많이 있습니다. 미사를 보기 전 처음에 성수를 손에 적셔 성호경을 긋습니다. 그리고 미사포를 쓰고 미사를 볼 준비를 합니다. 그리고 나면 수녀님이나 미사를 보조하는 복사들이 들어와 촛불을 켜고 성가대의 피아노 연주와 합창에 맞추어 미사는 시작됩니다. 성호경을 긋는 행위, 종간에 종을 치는 행위, 영성체를 모시는 행위는 우리 몸의 모든 감각기관을 깨워 내가 굉장히 성스러운 공간에 와 있다고 느끼게 합니다.

몇 년 전 '배달의 민족' 김봉진 대표의 강의를 들은 적이 있었는데 '배달의 민족'을 하기 전 그의 직업은 디자이너였다고 합니다. 늘 디자인을 잘 했다 생각해도 계약이 잘 안돼서 고민을 했다고 합니다. 어느 날 잘나가는 디자이너들의 특징을 분석했더니 모두 애플 제품을 쓰고 머리는 빡빡 밀었으며 뿔테안경을 썼다는 공통점을 발견하고, 자신도 머리를 밀고 뿔테안경을 쓰면서 일이 잘 풀렸다는 이야기를 했습니다. 그도 잘나가는 디자이너의 상징성을 자신의 몸에 입힌 것입니다. 성공하기 전 좋은 차를 타고 명품 지갑이나 시계를 차는 것도 이와 비슷한 효과를 낼 수 있습니다.

의사가 의사 가운을 입고, 스님이 승복을 입고 머리를 밀고, 죄수가 죄수복을 입는 것도 자신을 특정한 상태로 몰입시키는 하나의 힘입니다. 그래서 운동할 때 운동복과 자세만 잘 갖춰 입어도 운동을 잘 한다는 느낌을 무의식에 전달할 수 있습니다. 나를 각인할 수 있는 나만의 독특한 헤어스타일을 유지하거나, 매일 검은 티에 리바이스 청바지, 뉴발란스 운동화만 신었던 스티브 잡스처럼 나를 상징하는 어떤 스타일의 옷을 자주 입음으로써 사람들에게 나를 일 잘하는 사람 혹은 젠틀한 사람 등으로 나의 모습을 그들의 무의식에 각인시킬 수 있습니다.

- 행운의 신호 만들기

운전을 하다 신호등에 빨간불이 켜지면 자동 반사적으로 정지를 합니다.

나의 삶에도 이런 특정한 사인(sign)을 만드는 것입니다. 예를 들면 성당에서 하는 성호경을 긋는 행위, 불교에서 하는 합장을 하는 행위를 통해 우리는 나와 상대에게 평안과 행복을 비는 상징성으로 사용합니다. 성호경이나 합장과 같은 상징성을 내 삶에 어떤 의미를 두고 사용해도 좋고, 거울을 보며 엄지 척을 자주 한다든지, 손뼉에 손뼉을 치면서 기쁨을 끌어올린다든지, 어떤 특정한 액션을 통해 나에게 느낌을 각인시키는 연습을 하는 것입니다. 마치 강아지에게 앞발을 내 손 위에 올리는 개인기를 가르치기 위해 간식을 주면 앞발을 주인의 손 위에 올린다는 반복적인 학습을 하고 나면 강아지는 시간이 지나고 나서도 주인 손에 간식이 없더라도 손을 내밀며 '손!'이라고만 해도 자신의 앞발을 주인의 손 위에 올려두게 됩니다.

지금 삶에 나타난 맘에 안 드는 일들도 분명히 이런 각인을 통해 일어나는 경우가 많습니다. 저녁에 향기로운 라면 냄새에 취해 야식으로 라면을 자주 먹다 보니 살이 쪄버린 경우라든지, 습관적으로 늦잠을 잔다면 잠자리와 포근한 이불이 주는 촉감에 빠져 있을 수도 있습니다. 또한 남자친구가 바람 피우는 모습을 목격하고, 누가 봐도 이 남자를 안 만나는 게 맞는데, 그 사람이 나에게 해줬던 스위트한 말들, 차 안에서 함께 들었던 음악들, 함께 보냈던 공간에서 느꼈던 포근한 기억을 잊지 못해 그 사람은 나에게도 그러하듯, 다른 여성에게도 그렇게 한다는 사실을 부인하며, 그 사람을 내 삶에 나타난 특별한 인연이라고 착각하고 관계를 놓지 못하는 것입니다.

내가 성호경을 그을수록 내 삶에 평온이 많이 들어온다고 각인을 시키고, 내가 걱정이 되거나, 힘든 일이 생기면 성호경을 긋는 것입니다. 성호경을 그을수록 내 삶을 하늘이 지켜준다 믿는 것입니다. 내가 불안하고 일이 안 풀릴 것 같을 때 합장을 하는 것입니다. 그 행위를 할수록 나는 일이 더 잘 풀린다고 믿는 것입니다. 그렇게 나의 뇌에 각인이 되고 나면 강아지가 '손!'을 자동적으로 하는 것처럼 우리 뇌는 자동적으로 반응하게 됩니다.

이 각인 행위는 내가 이런 행동을 했을 때 이렇게 된다는 무의식의 각인, 그러니까 강아지에게 '간식=손'인 것처럼, '달콤한 향=행복'이라는 로직이 내 안에 제대로 각인이 돼야 자동으로 작동한다는 것을 명심하셔야 합니다. 그 로직이 무의식에 각인이 되지 않았을 때는 프로그램은 작동하지 않습니다. 방법은 강아지를 훈련시켰을 때처럼 나의 뇌에 각인이 될 때까지 반복하는 것입니다.

꼭 나의 삶에서 특정 상징이 되는 향을 만들어 자주 맡고, 나만의 심볼을 만들어 나의 이미지를 나와 타인에게 각인시키고, 풍요와 안녕을 각인시키는 나만의 사인(sign)을 통해 삶을 조금 더 부드럽게 바꿔보시길 바랍니다.

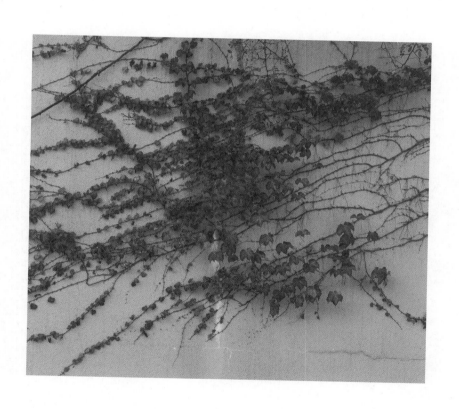

의심하지 말고 자신을 사랑하세요

몇 년 사이, 톱스타의 자살 소식은 베르테르 효과처럼 늘어나게 되었습니다. 안타까운 소식을 접하면서 나의 이야기가 누군가를 살리는 일을 한다면 기꺼이 그렇게 하겠다고 결심을 했습니다. 우리는 물질적으로 풍요롭고 만족하면 행복할 것이라 생각합니다. 저도 그랬습니다. 모든 걸 다 가지면 행복한 줄 알았습니다. 그래서 마음을 돌보는 일보다 물질적 소유에 늘 관심을 두고 살았습니다. 그러나 많은 것을 가질수록 늘 공허했습니다.

우리의 인간은 육신과 물질로 이뤄진 존재라고 생각을 한다면 가진 것이 많은 사람일수록 행복해야 맞는 것이 진리입니다. 하지만 많은 것을 누렸음에도 생을 마감하는 사람들도 많고, 오히려 아무것도 가지지 않았음에도 불구하고 행복한 사람들이 많습니다. 연말이 되면 폐지를 줍고, 토스트를 팔아 자신의 전 재산을 나누는 사람들의 이야기도 심심치 않게 들려옵니다. 없는 와중에도 자신이 가진 것을 나누고, 행복과 사랑으로 가득한 사람들이 많습니다.

지금 우리가 사는 이 시대는 더욱 나의 내면을 돌아볼 여유가 없습니다. 각 매체를 통해 굳이 몰라도 되는 소식까지도 주고받게 됩니다. SNS에 매순간 나의 삶을 기록하며 살기도 하고, 타인의 삶도 여과 없이 내 삶에 통과시키기도 합니다. 대학 동기인 민희가 오늘 저녁에 뭘 먹었는지, 생일 선물로는 뭘 받았는지, 올해 회사에서 어떤 성과급을 받았고, 여름휴가는 어디로 갔는지 알고 싶지 않아도 알게 됩니다. 필터링 없이 우리 무의식 우리의 영혼에 그대로 들어온 정보들은 다시 우리 무의식에 저장되고, 과거에 저장했던 여러 정보들과 함께 합산하고 필터링하여 나의 의식에 그것을 내보내어 매순간 눈앞에 나타난 모든 것을 판단하게 합니다. 민희보다 부족할 것 없이 살았던 것 같은데 지금은 훨씬 잘 나가는 것 같은 그녀의 삶을 보며 지금의 나와 끊임없이 비교하며 스스로를 괴롭힙니다.

진정한 변화는 분별없는 사랑을 통해 우리는 새롭게 시작할 수 있습니다.

나의 실수, 단점, 모든 것을 용서하고 나 자신을 온전히 있는 그대로의 모습 그대로 받아들이게 된다면 우리 모두는 다시 태어날 수 있습니다.

저는 정신적 고통이 기회가 되어 인생의 대변화를 맞이하게 되었습니다. 제가 우울한 감정을 느끼지 못했다면 지금 제 삶에 펼쳐진 모든 일들은 불가능했습니다. 지독히도 책읽기를 싫어했던 제가 학교를 졸업하고 처음 읽은 책『생각의 비밀』을 통해 중앙대에 들어가 김승호 교수님의 제자가 되어 마음이 물질이 되는 이치를 처음 배우고, 그 후 영혼의 동반자 브라이언을 통해 크게 성장했고, 본격적으로 마음 치유의 길에 나서자 영적 성장을 도와준 석정훈 선생님, 최인원 원장님, 이하영 작가님을 알게 되어 마음을 치유하고, 영적 성장을 이루게 되었습니다.

책을 쓰는 과정에서 저를 전적으로 서포트해주었던 경이가 있었기에 출판이라는 세계에 입문하게 되었습니다. 저를 응원해주었던 러브 테라피 블로그 독자들 사랑방 식구들이 있었기에 이 책이 세상에 나올 수 있었습니다. 삶에 모든 것을 놓고 싶었을 때 나를 지켜줬던 회사 식구들, 포토리, 제이, 뽀로로 친구들, 유진 언니 덕분에 넘어지고 다시 일어설 수 있었습니다. 매일 내 옆에서 내 마음을 이해해주고, '힘들면 안 해도 괜찮아!'라고 말해주며 진짜 허용이 뭔지 알려준 내 동생과 밀리, 부모와 자식의 연으로 만나 나에게 진정한 사랑에 대해서 알려준 우리 엄마와 아빠, 돌아가신 할머니와 할아버지로 인해 저의 마음공부는 완성이 되었습니다.

제가 아는 것이 모두 정답이 아닐 수 있습니다. 제가 풀어낸 이야기가 모든 삶의 진리가 아닐 수 있습니다. 하지만 세상에 정말 믿어야 할 것이 있다면 신도, 우주도, 나의 부모도 어떤 훌륭한 영적 스승도 아닌 바로 나 자신입니다. 내가 나를 믿는 것이 가장 중요합니다. 지금까지 펼쳐진 나의 삶은 오늘 이전의 나의 무의식이 원했던 것들입니다. 과거엔 그걸 몰랐지만, 이제 나는 무엇이 나의 삶을 창조하는지 알게 되었으니 오늘 이후의 삶은 내가 바꿀 수 있습니다.

외부의 어떤 사건도 당신을 해칠 수 없습니다. 삶이 힘들고 지칠 때 이 험난한 길을 나아가지 못할 것 같을 때, 나에 대한 조건 없는 사랑이 앞으로 나아가게 하는 가장 강력한 원동력이 됩니다. 그렇기 때문에 삶에 필요한 것은 나를 향한 분별없는 사랑 그것 말고 다른 건 없습니다. 당신이 어떤 순간에 있더라도 조건 없이 사랑받을 자격이 충분히 있습니다. 그러니 이제는 의심하지 말고 자신을 사랑하세요. 정말 삶은 그뿐입니다.

럽테의 행운을 주는
일러스트 카드

let your
dreams
blossom